AF305339

ANATOLE FRANCE

DE L'ACADÉMIE FRANÇAISE

CLIO

ILLUSTRATIONS DE MUCHA

CALMANN LÉVY, ÉDITEUR

3, RUE AUBER, 3

CLIO

ANATOLE FRANCE

DE L'ACADÉMIE FRANÇAISE

CLIO

ILLUSTRATIONS DE MUCHA

CALMANN LÉVY, ÉDITEUR

3, RUE AUBER, 3

1900

A

ÉMILE ZOLA

LE

CHANTEUR DE KYMÉ

LE CHANTEUR DE KYMÉ

Il allait par le sentier qui suit le rivage le long des collines. Son front était nu, coupé de rides profondes et ceint d'un bandeau de laine rouge. Sur ses tempes les boucles blanches de ses cheveux flottaient au vent de la mer. Les flocons d'une barbe de neige se pressaient à son menton. Sa tunique et ses pieds

nus avaient la couleur des chemins sur lesquels il errait depuis tant d'années. A son
côté pendait une lyre grossière. On le nommait le Vieillard, on le nommait aussi le
Chanteur. Il recevait encore un autre nom
des enfants qu'il instruisait dans la poésie et
dans la musique, et plusieurs l'appelaient
l'Aveugle, parce que sur ses prunelles, que
l'âge avait ternies, tombaient des paupières
gonflées et rougies par la fumée des foyers où
il avait coutume de s'asseoir pour chanter.
Mais il ne vivait pas dans une nuit éternelle,
et l'on disait qu'il voyait ce que les autres
humains ne voient pas. Depuis trois âges
d'hommes, il allait sans cesse par les villes. Et
voici qu'après avoir chanté tout le jour chez un
roi d'Ægea, il retournait à sa maison, dont il
pouvait déjà voir le toit fumer au loin; car,
ayant marché toute la nuit, sans s'arrêter, de
peur d'être surpris par l'ardeur du jour, il
découvrit, dans la clarté de l'aurore, la blanche
Kymé, sa patrie. Accompagné de son chien,

appuyé sur son bâton recourbé, il s'avançait
d'un pas lent, le corps droit, la tête haute, par
un reste de vigueur et pour s'opposer à la
pente du chemin, qui descendait dans une
étroite vallée. Le soleil, en se levant sur les
montagnes d'Asie, revêtait d'une lumière rose
les nuages légers du ciel et les côtes des îles
semées dans la mer. Le rivage étincelait. Mais
les collines, couronnées de lentisques et de
térébinthes, qui s'étendaient du côté de
l'Orient, retenaient encore dans leur ombre
la douce fraîcheur de la nuit.

Le Vieillard compta sur le sol en pente la
longueur de douze fois douze lances et reconnut à sa gauche, entre les parois de deux roches
jumelles, l'étroite entrée d'un bois sacré. Là,
s'élevait au bord d'une source un autel de
pierres non taillées.

Un laurier le recouvrait à demi de ses ra-
meaux chargés de fleurs éclatantes. Sur l'aire
foulée, devant l'autel, blanchissaient les os des
victimes. Tout alentour, des offrandes étaient

suspendues aux branches des oliviers. Et, plus
avant, dans l'ombre horrible de la gorge, deux
chênes antiques se dressaient, portant clouées
à leur tronc des têtes décharnées de taureaux.
Sachant que cet autel était consacré à Phœbos,
le vieillard pénétra dans le bois et, tirant de
sa ceinture où elle était retenue par l'anse,
une petite coupe de terre, il se pencha sur le
ruisseau qui, dans un lit d'ache et de cresson,
par de longs détours, cherchait la prairie.
Il remplit sa coupe d'eau fraîche, et, comme
il était pieux, il en versa quelques gouttes
devant l'autel, avant de boire. Il adorait les
dieux immortels qui ne connaissent ni la souf-
france ni la mort, tandis que sur la terre se
succèdent les générations misérables des hommes. Alors il fut saisi d'épouvante et il redouta
les flèches du fils de Léto. Accablé de maux et
chargé d'ans, il aimait la lumière du jour et
craignait de mourir. C'est pourquoi il eut une
bonne pensée. Il inclina le tronc flexible d'un
ormeau et, le ramenant à lui, suspendit la

coupe d'argile à la cime du jeune arbre qui, se redressant, porta vers le large ciel l'offrande du vieillard.

La blanche Kymé s'élevait, ceinte de murs, sur le rivage de la mer. Une chaussée montueuse, pavée de pierres plates, conduisait à la porte de la ville. Cette porte avait été construite dans des âges dont toute mémoire était perdue, et l'on disait que c'était un ouvrage des Dieux. On voyait, gravés dans la pierre du linteau, plusieurs signes que personne ne savait expliquer, mais qui étaient regardés comme des signes heureux. Non loin de cette porte s'étendait la place publique où reluisaient, sous les arbres, les bancs des anciens. C'est auprès de cette place, sur le côté opposé à la mer, que s'arrêta le Vieillard. Là était sa maison. Étroite et basse, elle n'égalait pas en beauté la maison voisine où un devin illustre vivait avec ses enfants. L'entrée disparaissait à demi sous un tas de fumier qu'un porc fouillait de son groin. Ce tas était

modique et non pas ample comme il s'en voit
devant les demeures des hommes riches. Mais
derrière la maison s'étendaient un verger et des
étables que le Vieillard avait construites de ses
mains, en pierres non équarries. Le soleil
gagnait les hauteurs du ciel blanchi ; la brise
de la mer était tombée. Un feu subtil, flottant
dans l'air, brûlait les poitrines des hommes et
des animaux. Le Vieillard s'arrêta un moment
sur le seuil pour essuyer du revers de sa main
la sueur de son front. Son chien, l'œil atten-
tif et la langue pendante, immobile, soufflait.

La vieille Mélantho, venue du fond de la
demeure, parut sur le seuil et prononça de
bonnes paroles. Elle s'était fait attendre,
parce qu'un Dieu avait mis dans ses jambes un
esprit mauvais qui les gonflait et les rendait
plus lourdes que deux outres de vin. C'était
une esclave carienne, qu'un roi avait donnée
jeune au chanteur, alors jeune et plein de
force. Et elle avait conçu dans le lit de son
nouveau maître un grand nombre d'enfants,

Mais il n'en restait pas un seul à la maison. Les uns étaient morts, les autres s'en étaient allés au loin pour exercer dans les villes des Achéens l'art du chanteur ou celui du charron, car tous étaient doués d'un esprit ingénieux. Et Mélantho demeurait seule dans la maison avec Arété, sa bru, et les deux enfants d'Arété.

Elle accompagna le maître dans la grande salle aux poutres enfumées, au milieu de laquelle, devant l'autel domestique, s'étendait, couverte de braises rouges et de graisses fondues, la pierre du foyer. Autour de la salle s'ouvraient, sur deux étages, des chambres étroites; et un escalier de bois conduisait aux chambres hautes des femmes. Contre les piliers qui soutenaient le toit reposaient les armes de bronze que le vieillard portait dans sa jeunesse, alors qu'il suivait les rois dans les villes, où ils allaient sur leurs chars reprendre des filles de Kymé que des héros avaient enlevées. Une cuisse de bœuf était pendue à l'une des solives.

Les anciens de la ville l'avaient envoyée la
veille au chanteur pour l'honorer. Il se réjouit
à cette vue. Debout, tirant un long souffle de
sa poitrine desséchée par l'âge, il ôta de des-
sous sa tunique, avec quelques gousses d'ail,
restes de son souper agreste, le présent qu'il
avait reçu du roi d'Ægea, une pierre tombée
du ciel et précieuse, car elle était de fer, mais
trop petite pour former une pointe de lance.
Il rapportait encore un caillou qu'il avait
trouvé sur son chemin. Ce caillou, quand on
le regardait d'un certain côté, présentait
l'image d'une tête d'homme. Et le Vieillard,
le montrant à Mélantho :

— Femme, vois, lui dit-il, que ce caillou
est à la ressemblance de Pakôros, le forgeron :
ce n'est pas sans la permission des Dieux
qu'une pierre est à ce point semblable à Pakôros.

Et quand la vieille Mélantho lui eut versé
de l'eau sur les pieds et sur les mains pour
effacer la poussière qui les souillaient, il sai-

sit entre ses deux bras la cuisse de bœuf, la
porta sur l'autel et commença à la dépouiller.
Étant sage et prudent, il ne laissait point aux
femmes ni aux enfants le soin de préparer le
repas; et, à l'exemple des rois, il faisait cuire
lui-même la chair des animaux.

Cependant Mélantho ranimait le feu du
foyer. Elle soufflait sur les brindilles de bois
sec jusqu'à ce qu'un Dieu les enveloppât de
flammes. Bien que cette tâche fût sainte, le
Vieillard souffrait qu'elle fût accomplie par
une femme, à cause de la fatigue et de la vieillesse dont il était accablé. La flamme ayant
jailli, il y jeta les chairs découpées, qu'il retournait avec une fourche de bronze. Assis sur
ses talons, il respirait l'âcre fumée qui, rem-
plissant la salle, lui tirait les larmes des yeux;
mais son esprit n'en était point irrité, à cause
de l'habitude, et parce que cette fumée était
signe d'abondance. A mesure que la rudesse
des chairs était domptée par la force invincible
du feu, il portait les morceaux à sa bouche, et,

les broyant avec lenteur entre ses dents usées, il mangeait en silence. Debout à son côté, la vieille Mélantho lui versait le vin noir dans une coupe d'argile semblable à celle qu'il avait donnée au Dieu.

Quand il eut apaisé sa faim et sa soif, il demanda si tout était bien dans la maison et dans l'étable. Et il s'enquit de la laine tissée en son absence, des fromages mis sur l'éclisse et des olives mûres pour le pressoir. Et, songeant qu'il possédait peu de biens, il dit :

Les héros nourrissent dans les prairies des troupeaux de bœufs et de génisses. Ils ont des esclaves beaux et robustes en grand nombre ; les portes de leur maison sont d'ivoire et d'airain, et leurs tables sont chargées de cratères d'or. La force de leur cœur leur assure des richesses, qu'ils gardent parfois jusqu'au déclin de l'âge. Certes, dans ma jeunesse, je les égalais en courage, mais je n'avais ni chevaux, ni chars, ni serviteurs, ni même une armure assez épaisse pour les égaler dans les combats et pour y gagner des trépieds d'or et des femmes d'une grande beauté. Celui qui combat à pied, avec de faibles armes, ne peut pas tuer beaucoup d'ennemis, parce que lui-même il craint la mort. Aussi, combattant sous les murs des villes, dans la foule obscure des serviteurs, je n'ai jamais rapporté de riches dépouilles.

La vieille Mélantho répondit :

— La guerre donne aux hommes des richesses et les leur ôte. Mon père Kyphos possédait à Mylata un palais et d'innombrables troupeaux. Mais des hommes armés lui ont tout pris, et ils l'ont tué. Moi-même, j'ai été emmenée esclave, mais je n'ai pas été maltraitée, parce que j'étais jeune. Les chefs m'ont reçue dans leur lit; et je n'ai jamais manqué de nourriture. Tu as été mon dernier maître et aussi le moins riche.

Elle parlait sans joie et sans tristesse.

Le Vieillard lui répondit :

— Mélantho, tu ne peux te plaindre de moi,

car je l'ai toujours traitée avec douceur. Ne me reproche point de n'avoir point gagné de grandes richesses. Il y a des armuriers et des forgerons qui sont riches. Ceux qui sont habiles à construire des chars tirent profit de leur travail. Les devins reçoivent de grands présents. Mais la vie des chanteurs est dure.

La vieille Mélantho dit :

— La vie de beaucoup d'hommes est dure.

Et, d'un pas pesant, elle sortit de la maison pour aller chercher, avec sa bru, du bois dans le cellier. C'était l'heure où l'ardeur invincible du soleil accable les hommes et les animaux, et fait taire même la voix des oiseaux dans le feuillage immobile. Le Vieillard s'étendit sur une natte et, se voilant le visage, il s'endormit.

Pendant son sommeil, il fut visité par un petit nombre de songes, qui n'étaient ni plus beaux ni plus rares que ceux qui lui venaient chaque jour. Ces songes lui présentaient des images d'hommes et de bêtes. Et, comme il y

reconnaissait des humains qu'il avait connus
durant qu'ils vivaient sur la terre fleurie, et
qui, depuis, ayant perdu la lumière du jour,
étaient couchés sous un tertre funèbre, il se
persuadait que les âmes des morts flottent
dans l'air, mais qu'elles sont sans vigueur et
telles que les ombres vaines. Il était instruit
par les songes qu'il est aussi des ombres d'animaux et de plantes, qu'on voit dans le sommeil. Il était certain que les morts errant
dans l'Hadès forment eux-mêmes leur image,
puisque nul autre ne la pourrait former pour
eux, à moins d'être un de ces Dieux qui se
plaisent à tromper la faible intelligence des
hommes. Mais, n'étant pas devin, il ne pouvait faire la distinction des songes menteurs
et des songes véritables; et, las de chercher
des avis dans les images confuses de la nuit,
il les regardait passer avec indifférence sous
ses paupières closes.

A son réveil, il vit, rangés devant lui dans
l'attitude du respect, les enfants de Kymé aux-

quels il enseignait la poésie et la musique,
comme son père les lui avait enseignées. Il y
avait parmi eux les deux fils de sa bru. Plusieurs étaient aveugles; car on destinait de
préférence à l'état de chanteurs ceux qui, privés de la vue, ne pouvaient ni travailler aux
champs ni suivre les héros dans les guerres.

Ils tenaient dans leurs mains les offrandes
dont ils payaient les leçons du chanteur, des
fruits, un fromage, un rayon de miel, une
toison de brebis, et ils attendaient que le
maître approuvât leur offrande pour la dépo-
ser sur l'autel domestique.

Le Vieillard, s'étant levé, saisit sa lyre suspendue à une poutre de la salle et dit avec
bonté :

— Enfants, il est juste que les riches offrent
un grand présent, et que les pauvres en don-
nent un moindre. Zeus, notre père, a partagé
inégalement les biens entre les hommes. Mais
il châtierait l'enfant qui ravirait le tribut
qu'on doit au chanteur divin.

La vigilante Mélantho vint enlever les offrandes sur l'autel. Et le Vieillard, ayant accordé sa lyre, commença d'enseigner un chant aux enfants, assis à terre, les jambes croisées, autour de lui.

— Écoutez, leur dit-il, le combat de Patrocle et de Sarpédon. Ce chant est beau.

Et il chanta. Il modulait les sons avec force, appliquant le même rythme et la même cadence à tous les vers ; et pour que sa voix ne faiblît pas, il la soutenait, par intervalles réguliers, d'une note de sa lyre à trois cordes. Et, avant de prendre les repos nécessaires, il poussait un cri aigu accompagné d'une vibration stridente des cordes.

Après qu'il avait dit un nombre de vers égal à deux fois le nombre des doigts de ses mains, il les faisait répéter aux enfants qui les criaient tous ensemble d'une voix perçante en touchant, à l'exemple du maître, leurs petites lyres, qu'ils avaient taillées eux-mêmes dans du bois, et qui ne rendaient point de son.

Le Vieillard répétait les mêmes vers avec patience jusqu'à ce que les petits chanteurs les eussent retenus exactement. Il louait les enfants attentifs, mais ceux qui manquaient de mémoire ou d'esprit, il les frappait du bois de sa lyre et ils allaient pleurer contre un pilier de la salle. Il donnait l'exemple du chant; mais il n'y joignait point de préceptes, parce qu'il croyait que les choses de la poésie étaient établies anciennement et hors du jugement des hommes. Les seuls conseils qu'il leur donnât regardaient la bienséance.

Il leur disait :

— Honorez les rois et les héros, qui sont au-dessus des autres hommes. Nommez les héros par leur nom et par le nom de leur père, afin que ces noms ne se perdent pas. Quand vous vous tiendrez assis dans les assemblées, ramenez votre tunique sur vos cuisses et que votre maintien exprime la grâce et la pudeur.

Il leur disait encore :

— Ne crachez pas dans les fleuves, parce que les fleuves sont sacrés. Ne faites point de changement, soit par faute de mémoire, soit par caprice, aux chants que je vous enseigne : et quand un roi vous dira : « Ces chants sont beaux. Qui te les enseigna ? » Vous répondrez : « Je les tiens du Vieillard de Kymé, qui les tenait de son père, à qui un Dieu sans doute les avait inspirés. »

De la cuisse de bœuf, il lui restait quelques morceaux excellents. Ayant mangé un de ces morceaux devant le foyer et brisé les os avec une hache de bronze, pour en tirer la moelle, dont seul dans la maison il était digne de se nourrir, il fit, avec le reste des viandes, la part des femmes et des enfants pour deux jours.

Alors il reconnut que bientôt il ne resterait plus rien de la bonne nourriture, et il songea : « Les riches sont aimés de Zeus, et les pauvres ne le sont pas. J'ai, sans doute, offensé, sans le savoir, quelqu'un des Dieux qui vivent cachés dans les forêts ou dans les montagnes, ou plutôt l'enfant d'un immortel ; et c'est pour expier mon crime involontaire que je traîne une vieillesse indigente. On commet parfois sans intention mauvaise des actions punissables, parce que les Dieux n'ont pas exactement révélé aux hommes ce qu'il est permis ou défendu de faire. Et leur volonté est obscure. » Il agita longtemps ces pensées dans son esprit, et, craignant le retour de la faim cruelle, il résolut de ne pas rester la nuit oisif dans la demeure, mais, d'aller, cette fois, vers les contrées où l'Hermos coule entre les rochers et où l'on voit Ornéia, Smyrne et la belle Ilissia couchées sur la montagne qui, comme l'éperon d'un navire phénicien, s'enfonce dans la mer. C'est pourquoi, à l'heure où les premières étoiles tremblent dans le ciel pâle, il ceignit la courroie de sa lyre et s'en alla, le long du rivage, vers les demeures des hommes riches, qui se plaisent à entendre, durant les longs festins, les louanges des héros et les généalogies des Dieux.

Ayant cheminé toute la nuit selon sa coutume, il découvrit aux clartés roses du matin une ville assise sur un haut promontoire, et il reconnut l'opulente Hissia, aimée des colombes, qui regarde du haut d'un rocher les îles blanches se jouer comme des nymphes dans la mer étincelante. Il s'assit non loin de la ville, au bord d'une fontaine, pour se reposer et pour apaiser sa faim avec des oignons qu'il avait emportés dans un pli de sa tunique.

Il achevait à peine son repas quand une jeune fille, portant une corbeille sur sa tête, vint à la fontaine pour y laver du linge. Elle le regarda d'abord avec défiance, mais voyant qu'il portait une lyre de bois sur sa tunique déchirée et qu'il était vieux et accablé de fatigue, elle s'approcha sans crainte et soudain, émue de pitié et de vénération, elle puisa dans le creux de ses deux mains rapprochées un peu d'eau dont elle rafraîchit les lèvres du chanteur.

Alors il la nomma fille de roi ; il lui promit une longue vie et lui dit :

— Jeune fille, l'essaim des désirs flotte autour de ta ceinture. Et j'estime heureux l'homme qui te conduira dans sa couche. Et moi, vieillard, je loue ta beauté comme l'oiseau nocturne qui pousse son cri méprisé sur le toit des époux. Je suis un chanteur errant. Jeune fille, dis-moi de bonnes paroles.

Et la jeune fille répondit :

— Si, comme tu dis et comme il semble, tu es un joueur de lyre, ce n'est pas un mauvais destin qui t'amène dans cette ville. Car le riche Mégès reçoit aujourd'hui un hôte qui lui est cher, et il donne aux principaux habitants de la ville, en l'honneur de son hôte, un grand festin. Sans doute, il voudra leur faire entendre un bon chanteur. Va le trouver. On voit d'ici sa maison. Il n'est pas possible d'y arriver du côté de la mer, parce qu'elle est située sur ce haut promontoire qui s'avance au milieu des flots et qui n'est visité que par les

alcyons. Mais si tu montes à la ville par l'escalier taillé dans le roc du côté de la terre, au
regard des coteaux plantés de vigne, tu recon-
naîtras facilement entre toutes la maison de
Mégès. Elle est fraîchement enduite de chaux
et plus spacieuse que les autres.

Et le Vieillard, se dressant sur ses jambes
raidies, gravit l'escalier taillé dans le roc par
les hommes des anciens jours, et, parvenu au
plateau élevé sur lequel s'étend la ville d'Hissia, il reconnut sans peine la maison du riche
Mégès.

L'abord lui en fut agréable, car le sang des
taureaux fraîchement égorgés ruisselait au
dehors, et l'odeur des graisses chaudes se ré-
pandait au loin. Il franchit le seuil, pénétra
dans la vaste salle du festin, et ayant touché
de la main l'autel, il s'approcha de Mégès qui
donnait des ordres à ses serviteurs et décou-
pait les viandes. Déjà les convives étaient
rangés autour du foyer, et ils se réjouissaient
dans l'espérance d'une abondante nourriture.

Il y avait parmi eux beaucoup de rois et de héros. Mais l'hôte que Mégès voulait honorer en ce repas était un roi de Khios qui, pour acquérir des richesses, avait longtemps navigué sur la mer et beaucoup enduré. Il se nommait Oincus. Tous les convives le regardaient avec admiration parce qu'il avait, comme autrefois le divin Ulysse, échappé à d'innombrables naufrages, partagé, dans des îles, la couche des magiciennes et rapporté des trésors. Il contait ses voyages, ses fatigues, et, doué d'un esprit subtil, il y ajoutait des mensonges.

Reconnaissant un chanteur à la lyre que le Vieillard portait suspendue à son côté, le riche Mégès lui dit :

— Sois le bienvenu. Quels chants sais-tu dire ?

Le Vieillard répondit :

— Je sais la Querelle des rois qui causa de grands maux aux Achéens, je sais l'Assaut du mur. Et ce chant est beau. Je sais aussi Zeus trompé, l'Ambassade et l'Enlèvement des morts. Et ces chants sont beaux. Je sais encore six fois soixante chansons très belles.

De cette manière, il faisait entendre qu'il en savait beaucoup. Mais il n'en connaissait pas le nombre.

Le riche Mégès répliqua d'un ton moqueur :

— Les chanteurs errants disent toujours, dans l'espoir d'un bon repas et d'un riche présent, qu'ils savent beaucoup de chansons; mais, à l'épreuve, on s'aperçoit qu'ils ont retenu un petit nombre de vers, dont ils fatiguent, en les répétant, les oreilles des héros et des rois.

Le Vieillard fit une bonne réponse :

— Mégès, dit-il, tu es illustre par tes richesses. Sache que le nombre des chants connus de moi égale celui des taureaux et des génisses que tes bouviers mènent paître dans la montagne.

Mégès, admirant l'esprit du Vieillard, lui dit avec douceur :

— Il faut une intelligence non petite pour contenir tant de chansons. Mais, dis-moi : Ce

que tu sais d'Achille et d'Ulysse est-il bien
vrai? Car on sème d'innombrables mensonges
sur ces héros.

Et le chanteur répondit :

— Ce que je sais de ces héros, je le tiens de
mon père, qui l'avait appris des Muses elles-
mêmes, car autrefois les Muses immortelles
visitaient, dans les antres et les bois, les chanteurs divins. Je ne mêlerai point de mensonges
aux antiques récits.

Il parlait de la sorte, avec prudence. Cependant, aux chants qu'il avait appris dès l'en-
fance, il avait coutume d'ajouter des vers pris
dans d'autres chants ou trouvés dans son esprit. Il composait lui-même des chants presque tout entiers. Mais il n'avouait pas qu'ils
étaient son ouvrage de peur qu'on n'y trouvât
à redire. Les héros lui demandaient de préférence des récits anciens qu'ils croyaient dictés
par un Dieu, et ils se défiaient des chants nou-
veaux. Aussi, quand il disait des vers sortis de
son intelligence, il en cachait soigneusement

l'origine. Et comme il était très bon poète et
qu'il observait exactement les usages établis,
ses vers ne se distinguaient en rien de ceux des
aïeux ; ils étaient à ceux-là pareils en forme
et en beauté, et dignes, dès leur naissance,
d'une gloire immortelle.

Le riche Mégès ne manquait point d'intelligence. Devinant que le Vieillard était un bon
chanteur, il lui donna une place honorable au
foyer et lui dit :

— Vieillard, quand nous aurons apaisé
notre faim, tu nous chanteras ce que tu sais
d'Achille et d'Ulysse. Efforce-toi de charmer
les oreilles d'Oineus mon hôte, car c'est un
héros plein de sagesse.

Et Oineus, qui avait longtemps erré sur la
mer, demanda au joueur de lyre s'il connaissait les voyages d'Ulysse. Mais le retour des
héros qui avaient combattu devant Troie était
encore enveloppé d'obscurité, et personne ne
savait ce qu'Ulysse avait souffert, errant sur
la mer stérile.

Le Vieillard répondit :

— Je sais que le divin Ulysse entra dans le lit de Circé et trompa le Cyclope par une ruse ingénieuse. Les femmes en font des contes entre elles. Mais le retour du héros dans Ithaque est caché aux chanteurs. Les uns disent qu'il rentra en possession de sa femme et de ses biens; les autres qu'il chassa Pénélope, parce qu'elle avait mis les prétendants dans sa couche; et que lui-même, châtié par les Dieux, erra sans repos parmi les peuples, une rame sur l'épaule.

Oineus répondit :

— J'ai appris dans mes voyages qu'Ulysse était mort, tué de la main de son fils.

Cependant Mégès distribuait aux convives la chair des bœufs. Et il présentait à chacun le morceau convenable. Oineus l'en loua grandement.

— Mégès, lui dit-il, on voit que tu es accoutumé à donner des festins.

Les bœufs de Mégès se nourrissaient des

herbes odorantes qui croissent au flanc des
montagnes. Leur chair en était toute parfumée,
et les héros ne pouvaient s'en rassasier. Et
comme Mégès remplissait à tout moment une
coupe profonde qu'il passait ensuite à ses hôtes,
le repas se prolongea très avant dans la journée. Nul n'avait souvenir d'un si beau festin.

Le soleil était près de descendre dans la
mer, quand les bouviers, qui gardaient dans
la montagne les troupeaux de Mégès, vinrent
prendre leur part des viandes et des vins.
Mégès les honorait parce qu'ils paissaient les
troupeaux, non point indolemment comme
les bouviers de la plaine, mais armés de lances
d'airain et ceints de cuirasses, afin de défendre
les bœufs contre les attaques des peuples de
l'Asie. Et ils étaient semblables aux héros et
aux rois, qu'ils égalaient en courage. Deux
chefs les conduisaient, Peiros et Thoas, que
le maître avait mis au-dessus d'eux comme les
plus braves et les plus intelligents. Et, vraiment, on ne pouvait voir deux hommes plus

beaux. Mégès les accueillit à son foyer comme les protecteurs illustres de ses richesses. Il leur donna de la chair et du vin autant qu'ils en voulurent.

Oineus, les admirant, dit à son hôte :

— Je n'ai pas vu, dans mes voyages, d'hommes ayant les bras et les cuisses aussi vigoureux et bien formés que les ont ces deux chefs de bouviers.

Alors Mégès prononça une parole imprudente. Il dit :

— Peiros est plus fort dans la lutte, mais Thoas l'emporte à la course.

En entendant cette parole, les deux bouviers se regardèrent l'un l'autre avec colère, et Thoas dit à Peiros :

— Il faut que tu aies fait boire au maître un breuvage qui rend insensé pour qu'il dise à présent que tu es meilleur que moi dans la lutte.

Et Peiros irrité répondit à Thoas :

— Je me flatte de te vaincre à la lutte.

Quant à la course, je t'en laisse le prix, que
le maître t'a donné. Car il n'est pas surprenant
qu'ayant le cœur d'un cerf tu en aies aussi les
pieds.

Mais le sage Oineus apaisa la querelle des
bouviers. Il conta des fables ingénieuses où
paraissaient les dangers des rixes dans les
banquets. Et, comme il parlait bien, il fut
approuvé. Le calme s'étant rétabli, Mégès
dit au Vieillard :

— Chante-nous, ami, la colère d'Achille
et l'assemblée des rois.

Et le Vieillard, ayant accordé sa lyre, poussa
dans l'air épais de la salle les grands éclats de
sa voix.

Un souffle puissant s'exhalait de sa poitrine,
et tous les convives se taisaient pour entendre
les paroles mesurées qui faisaient revivre les
âges dignes de mémoire. Et plusieurs songeaient : « Il est prodigieux qu'un homme si
vieux, et desséché par les ans comme un cep
de vigne qui ne porte plus ni fruits ni feuilles,

tire de son sein une si puissante haleine. » Car
ils ne savaient pas que la force du vin et
l'habitude de chanter prêtaient au joueur de
lyre les forces que lui refusaient ses tendons
et ses nerfs affaiblis.

Un murmure de louanges s'élevait par
moments de l'assemblée comme un souffle du
violent Zéphyr dans les forêts. Mais tout à
coup la querelle des deux bouviers, un moment
apaisée, éclata avec violence. Échauffés par le
vin, ils se défiaient à la lutte et à la course.
Leurs cris farouches couvraient la voix du
chanteur qui vainement haussait sur l'assemblée la clameur harmonieuse de sa bouche
et de sa lyre. Les pâtres amenés par Peiros et
Thoas, agités par l'ivresse, frappaient dans
leurs mains et grognaient comme des porcs.
Ils formaient depuis longtemps deux bandes
rivales et partageaient l'inimitié des chefs.

— Chien! cria Thoas.

Et il porta à Peiros un coup de poing sur
la face qui fit jaillir abondamment le sang de

la bouche et des narines. Peiros, aveuglé, heurta du front la poitrine de Thoas, qui tomba en arrière, les côtes brisées. Aussitôt les bouviers rivaux se précipitent, échangeant les injures et les coups.

Mégès et les rois essayent en vain de séparer les furieux. Et le sage Oineus lui-même est repoussé par ces bouviers, qu'un Dieu a privés de raison. Les coupes d'airain volent de toutes parts. Les grands os des bœufs, les torches fumantes, les trépieds de bronze s'élèvent et s'abattent sur les combattants. Les corps mêlés des hommes roulent sur le foyer qui s'éteint, dans le vin des outres crevées.

Une obscurité profonde enveloppe la salle, où montent des imprécations aux Dieux et des hurlements de douleur. Des bras furieux empoignent des bûches ardentes et les lancent dans les ténèbres. Un tison enflammé atteint au front le chanteur, debout, muet, immobile.

Alors, d'une voix plus grande que tous les bruits du combat, il maudit cette maison injurieuse et ces hommes impies. Puis, pressant sa lyre contre sa poitrine, il sortit de la demeure et marcha vers la mer le long du haut promontoire. A sa colère succédait une profonde lassitude et un âcre dégoût des hommes et de la vie.

Le désir de se mêler aux Dieux enflait sa poitrine. Une ombre douce, un silence amical et la paix de la nuit enveloppaient toutes choses. A l'occident, vers ces contrées où l'on dit que flottent les ombres des morts, la lune divine, suspendue dans le ciel limpide, semait de fleurs argentées la mer souriante. Et le vieil Homère s'avança sur le haut promontoire jusqu'à ce que la terre, qui l'avait porté si longtemps, manquât sous ses pas.

KOMM L'ATRÉBATE

KOMM L'ATRÉBATE

I

Les Atrébates étaient établis sur une terre
brumeuse, le long d'un rivage battu par une
mer toujours agitée et dont les sables se sou-
levaient aux vents du large comme les lames
de l'Océan. Leurs tribus habitaient, aux
bords mouvants d'une large rivière, des enclos
formés par des abatis d'arbres, au milieu des
étangs, dans des forêts de chênes et de bou-

leaux. Ils y élevaient des chevaux à grosse tête
et de courte encolure, dont le poitrail était
large, la croupe belle, la jambe nerveuse, et
qui faisaient d'excellentes bêtes de trait. Ils
entretenaient, à l'orée des bois, des porcs
énormes, aussi sauvages que des sangliers.
Ils chassaient avec des dogues les bêtes féroces
dont ils clouaient la tête sur les parois de leurs
maisons de bois. Ces animaux, ainsi que les
poissons de la mer et des fleuves, faisaient leur
nourriture. Ils les grillaient et les assaison-
naient de sel, de vinaigre et de cumin. Ils
buvaient du vin et, dans leurs repas de lions,
s'enivraient autour des tables rondes. Il y avait
parmi eux des femmes qui, connaissant la
vertu des herbes, cueillaient la jusquiame, la
verveine et la plante salutaire nommée selage,
qui croît dans les creux humides des rochers.
Elles composaient un poison avec le suc de
l'if. Les Atrébates avaient aussi des prêtres et
des poètes qui savaient ce que les autres
hommes ignorent.

Ces habitants des forêts, des marécages et des grèves étaient de haute taille; ils ne coupaient point leurs chevelures blondes et couvraient leurs grands corps blancs d'une saie de laine qui avait les couleurs de la vigne empourprée par l'automne. Ils étaient soumis à des chefs établis au-dessus des tribus.

Les Atrébates savaient que les Romains étaient venus faire la guerre aux peuples de la Gaule, et que des nations entières avaient été vendues, corps et biens, sous la lance. Ils étaient avertis très vite de ce qui se passait au bord du Rhône et de la Loire. Les signes et les paroles volent comme l'oiseau. Et ce qui se disait à Genabum des Carnutes au lever du soleil était entendu sur les sables de l'Océan à la première veille de nuit. Mais ils ne s'inquiétaient point du sort de leurs frères, ou plutôt, jaloux de leurs frères, ils se réjouissaient des maux que leur infligeait César. Ils ne haïssaient pas les Romains, puisqu'ils ne les connaissaient pas. Ils ne les craignaient point, parce qu'il leur semblait impossible qu'une armée pût pénétrer à travers les bois et les marais qui entouraient leurs habitations. Ils n'avaient point de villes, bien qu'ils donnassent ce nom à Némétocenne, vaste enclos fermé par des palissades, qui servait d'abri, en cas d'attaque, aux guerriers, aux femmes et aux troupeaux. Nous venons de dire qu'ils avaient encore, sur toute l'étendue de leur territoire, beaucoup d'autres abris de cette sorte, mais plus petits. On les appelait aussi des villes.

Ils ne comptaient point sur ces abatis d'arbres pour résister aux Romains, qu'ils savaient habiles à prendre les cités défendues par des murs de pierre et par des tours de bois. Ils s'assuraient plutôt sur ce qu'il n'y avait point de chemins par tout leur territoire. Mais les soldats romains faisaient eux-mêmes les routes par lesquelles ils passaient. Ils remuaient la terre avec une force et une rapidité que ne concevaient pas les Gaulois de la forêt profonde.

chez qui le fer était plus rare que l'or. Et les
Atrébates apprirent un jour, non sans une
profonde stupeur, que la longue voie romaine,
avec sa belle chaussée de pierres et ses bornes
posées de mille en mille, s'avançait vers leurs
halliers et leurs marécages. Ils firent alors
alliance avec les peuples répandus dans la
forêt qu'on nommait la Profonde et qui
opposaient à César une ligue de tribus nom-
breuses. Les chefs atrébates poussèrent le cri
de guerre, ceignirent leur baudrier d'or et
de corail, se coiffèrent du casque à cornes de
cerf, de buffle ou d'élan, et tirèrent leur épée,
qui ne valait pas le glaive romain. Ils furent
vaincus et, comme ils avaient du cœur, ils se
firent battre deux fois.

Or il y avait parmi eux un chef très
riche, nommé Komm. Il gardait dans ses
coffres un grand nombre de colliers, de bracelets et d'anneaux. Il y gardait aussi des
têtes humaines trempées d'huile de cèdre.
C'étaient celles des chefs ennemis tués par

lui-même ou par son père ou par le père de
son père. Komm jouissait de la vie en homme
fort, libre et puissant.

Suivi de ses armes, de ses chevaux, de ses
chars, de ses dogues bretons, de la foule de
ses hommes de guerre et de ses femmes, il
allait, selon son envie, sur ses domaines illi-
mités, dans la forêt, le long de la rivière, et
s'arrêtait dans quelqu'un de ces abris sous
bois, de ces métairies sauvages, qu'il possédait
en grand nombre. Là, tranquille, entouré de
ses fidèles, il chassait les bêtes féroces, pê-
chait les poissons, faisait l'élève des chevaux,
remémorait ses aventures de guerre. Et il
s'en allait plus loin, dès qu'il lui en prenait envie. C'était un homme violent, rusé,
d'un esprit subtil, excellent dans l'action,
excellent par la parole. Quand les Atrébates
poussèrent le cri de guerre, il ne coiffa pas
le casque à cornes d'auroch. Mais il demeura
tranquille dans une de ses maisons de bois
pleines d'or, de guerriers, de chevaux, de fem-

mes, de porcs sauvages et de poissons fumés.
Après la défaite de ses compatriotes, il alla
trouver César et mit au service des Romains
son intelligence et son crédit. Il reçut un
accueil favorable. Jugeant avec raison que ce
Gaulois habile et puissant saurait pacifier le
pays et le maintenir dans l'obéissance des
Romains, César lui donna de grands pouvoirs
et le nomma roi des Atrébates. Ainsi le chef
Komm devint Commius Rex. Il porta la
pourpre et fit frapper des monnaies où se
voyait, de profil, sa tête ceinte du diadème à
pointes aiguës des rois hellènes et des rois barbares, qui tenaient leur couronne de l'amitié
du Peuple romain.

Il ne fut point en exécration aux Atrébates. Sa conduite intéressée et prudente ne
lui avait point fait de tort chez un peuple qui
n'avait pas sur la patrie et les devoirs du citoyen les maximes des Grecs et des Latins;
qui, sauvage, inglorieux, étranger à toute
vie publique, estimait la ruse, cédait à la force

et s'émerveillait de la puissance royale comme d'une nouveauté magnifique. Encore la plupart de ces Gaulois, pauvres pêcheurs de la côte brumeuse, rudes chasseurs de la forêt, avaient-ils une meilleure raison de ne point juger défavorablement la conduite et la fortune du chef Komm; ne sachant pas même qu'ils étaient Atrébates, ni qu'il y eût des Atrébates, ils se souciaient peu du roi des Atrébates. Komm ne fut donc point impopulaire. Et si l'amitié des Romains le mit en péril, ce péril ne vint point de son peuple.

Or la quatrième année de la guerre, à la fin de l'été, César arma une flotte pour descendre chez les Bretons. Soucieux de se ménager des intelligences dans la grande Ile, il résolut d'envoyer Komm en ambassade chez les Celtes de la Tamise, afin de leur offrir l'amitié du Peuple romain. Komm, qui avait l'esprit ingénieux et la langue déliée, était désigné pour cette ambassade par son caractère et par sa naissance, qui le faisait parent des

Bretons. Car des tribus atrébates étaient alors
établies sur les deux rives de la Tamise.

Komm était fier de l'amitié de César. Mais
il ne s'empressait point d'accomplir une mission dont il prévoyait les dangers. Pour le
décider, il fallut lui accorder de très grands
avantages. César exempta des tributs que
payaient les villes gauloises Némétocenne, qui
déjà devenait une cité et une capitale, tant les
Romains étaient prompts à mettre en valeur
les territoires conquis. Il rendit à Némétocenne ses droits et ses lois, c'est-à-dire que
le rigoureux régime de la conquête y fut un
peu adouci. De plus, il donna à Komm la
royauté des Morins, établis sur le rivage de
l'Océan, à côté des Atrébates.

Komm fit voile avec Caius Volusenus Quadratus, préfet de la cavalerie, envoyé par
César pour reconnaître la grande Ile. Mais
quand le navire aborda la plage de sable au
pied des blanches falaises hantées des oiseaux,
le Romain refusa de débarquer, redoutant des

dangers inconnus et la mort certaine. Komm
descendit à terre avec ses chevaux et ses
fidèles, et parla aux chefs bretons venus à sa
rencontre. Il leur fit un discours par lequel
il leur conseillait de préférer l'amitié fruc-
tueuse des Romains à leur colère impitoyable.
Mais ces chefs, issus de Hu le Puissant et de
ses compagnons, étaient violents et fiers. Ils
écoutèrent ce langage avec impatience. La
colère éclata sur leurs visages, barbouillés de
pastel. Ils jurèrent de défendre leur Ile contre
les Romains.

— Qu'ils débarquent ici, s'écrièrent-ils, et
ils disparaîtront comme disparaît sur le sable
du rivage la neige qu'a touchée le vent du Midi.

Tenant pour un outrage les avis dictés par
César, ils tiraient déjà l'épée du ceinturon et
voulaient mettre à mort le messager de honte.

Debout, courbé sur son bouclier dans l'attitude du suppliant, Komm invoqua ce nom
de frère qu'il pouvait leur donner. Ils étaient
fils des mêmes pères.

C'est pourquoi les Bretons ne le tuèrent pas.
Ils le conduisirent enchaîné dans un grand
village voisin de la côte. En traversant une
esplanade qui s'étendait au milieu des huttes
de chaume, il remarqua des pierres hautes et
plates, fichées en terre à intervalles irrégu-
liers et couvertes de signes qu'il tint pour sacrés, car il n'était pas facile d'en découvrir le
sens. Il vit que les huttes de ce grand village
étaient semblables à celles des villages atrébates, mais d'une moindre richesse. Devant
les huttes des chefs, des perches se dressaient,
portant des hures de sangliers, des bois de
rennes, des têtes chevelues d'hommes blonds.
Komm fut conduit dans une hutte qui ne ren-
fermait que la pierre du foyer recouverte encore de cendres, un lit de feuilles sèches et la
figure d'un Dieu taillée dans une bille de
tilleul. Lié au pilier qui soutenait le toit de
chaume, l'Atrébate méditait sa mauvaise fortune et cherchait dans son esprit soit quelque
parole magique très puissante, soit quelque

artifice ingénieux, pour échapper à la colère
des chefs bretons.

Et, pour charmer sa misère, il composait,
dans la manière des aïeux, un chant rempli
de menaces et de plaintes, et tout coloré par
les images des montagnes et des forêts natales,
dont il rappelait le souvenir dans son cœur.

Des femmes, tenant leur enfant pressé
contre leur mamelle, vinrent le regarder avec
curiosité et lui firent des questions sur son
pays, sa race, les aventures de sa vie. Il leur
répondit avec douceur. Mais son âme était
triste et agitée par une cruelle inquiétude.

II

César, retenu jusqu'à la fin de l'été sur le
rivage des Morins, ayant mis à la voile, une
nuit, vers la troisième veille, arriva en vue de
l'Ile à la quatrième heure du jour. Les Bretons l'attendaient sur la grève. Mais ni leurs

flèches de bois durci, ni leurs chars armés
de faux, ni leurs chevaux au long poil, habi-
tués à nager dans l'Océan parmi les écueils,
ni leurs visages couverts de peintures ter-
ribles n'arrêtèrent les Romains. L'Aigle entourée des légionnaires toucha le sol de l'Ile
barbare. Les Bretons s'enfuirent sous la grêle
de pierre et de plomb lancée par des machines
qu'ils croyaient des monstres. Frappés de
terreur, ils couraient comme un troupeau
d'élans sous l'épieu du chasseur.

Lorsqu'ils eurent atteint, vers le soir, le
grand village voisin de la côte, les chefs s'as-
sirent sur les pierres rangées en cercle autour
de l'esplanade, et tinrent conseil. Ils prolon-
gèrent leur délibération tout le long de la nuit,
et quand l'aube commença d'éclairer l'horizon,
tandis que le chant de l'alouette perçait le ciel
gris, ils se rendirent dans la hutte où Komm
l'Atrébate était enchaîné depuis trente jours.
Ils le regardèrent avec respect, à cause des
Romains, le délièrent, lui offrirent une bois-

son faite avec le jus fermenté des merises, lui
rendirent ses armes, ses chevaux, ses compagnons et, lui adressant des paroles flatteuses,
le supplièrent de les accompagner au camp
des Romains et de demander pardon pour
eux à César le Puissant.

— Tu le persuaderas de nous être ami, lui
dirent-ils, car tu es sage et tes paroles sont
agiles et pénétrantes comme des flèches. Parmi
tous les ancêtres dont le souvenir nous a été
gardé dans des chants, il ne s'en trouve pas
un seul qui te surpasse en prudence.

Komm l'Atrébate entendit ces discours
avec joie. Mais il cacha le plaisir qu'il en res-
sentait et, la lèvre soulevée par un sourire
amer, il dit aux chefs bretons, en leur montrant du doigt les feuilles détachées des bou-
leaux, qui tournoyaient au vent :

— Les pensées des hommes vains sont agi-
tées comme ces feuilles et sans cesse retournées
dans tous les sens. Hier ils me tenaient pour
un insensé et disaient que j'avais mangé

l'herbe d'Erin, qui enivre les animaux. Aujourd'hui ils estiment que la sagesse des aïeux est en moi. Pourtant je suis aussi bon conseiller un jour que l'autre, car mes paroles ne dépendent point du soleil ou de la lune, mais de mon intelligence. Je devrais, pour prix de votre méchanceté, vous abandonner à la colère de César, qui vous fera couper le poing et crever les yeux, afin qu'allant mendier du pain et de la bière dans les villages illustres, vous portiez témoignage par toute l'Ile bretonne de sa force et de sa justice. Pourtant j'oublierai l'injure que vous m'avez faite, me rappelant que nous sommes frères, que les Bretons et les Atrébates sont les fruits du même arbre. J'agirai pour le bien de mes frères qui boivent l'eau de la Tamise. L'amitié de César que je venais leur porter dans leur Ile, je la leur ferai rendre maintenant qu'ils l'ont perdue par leur folie. César, qui aime le chef Komm et l'a établi roi sur les Atrébates et sur les Morins aux colliers de

coquilles, aimera les chefs bretons, peints de
couleurs ardentes, et les confirmera dans leur
richesse et leur puissance, parce qu'ils sont
les amis du chef Komm qui boit l'eau de la
Somme.

Et Komm l'Atrébate dit encore :

— Apprenez de moi ce que vous dira César
quand vous vous courberez sur vos bou-
cliers au pied de son tribunal et ce qu'il con-
viendra de lui répondre d'un esprit avisé. Il
vous dira : « Je vous accorde la paix. Livrez-
moi des enfants nobles en otage. » Et vous
lui répondrez : « Nous te livrerons nos enfants
nobles. Et nous t'en amènerons quelques-uns
aujourd'hui même. Mais les enfants nobles
sont pour la plupart dans les régions lointaines de notre Ile, et il faudra plusieurs
journées pour les faire venir. »

Les chefs admirèrent l'esprit subtil de
Komm l'Atrébate. L'un d'eux lui dit :

— Komm, tu es doué d'une grande intelligence, et je crois que ton cœur est plein d'ami-

tié pour les frères bretons qui boivent l'eau
de la Tamise. Si César était un homme, nous
aurions le courage de combattre contre lui,
mais nous avons connu qu'il était un Dieu à
ce que ses navires et ses machines de guerre
sont des êtres vivants et doués de connais-
sance. Allons lui demander qu'il nous par-
donne de l'avoir combattu et nous laisse notre
puissance et nos richesses.

Ayant ainsi parlé, les chefs de l'Ile brumeuse
sautèrent à cheval et s'en allèrent vers le rivage
de l'Océan qu'occupaient les Romains près
de l'anse où leurs liburnes étaient mouillées, et non loin de la grève sur laquelle ils
avaient tiré leurs galères. Komm chevauchait
avec eux. Quand ils virent le camp romain
qui était entouré de fossés et de palissades,
percé de rues larges et régulières et tout couvert de pavillons que dominaient les aigles
d'or et les couronnes des enseignes, ils s'arrêtèrent émerveillés et se demandèrent par quel
art les Romains avaient bâti en un jour une

ville plus belle et plus vaste que toutes celles de l'Ile brumeuse.

— Qu'est cela? s'écria l'un d'eux.

— C'est Rome, répondit l'Atrébate. Les Romains portent partout Rome avec eux.

Introduits dans le camp, ils se rendirent au pied du tribunal où siégeait le proconsul entouré de faisceaux. Il était pâle dans la pourpre, avec des yeux d'aigle.

Komm l'Atrébate prit une attitude suppliante et pria César de pardonner aux chefs bretons.

— En te combattant, dit-il, ces chefs n'ont pas agi selon leur cœur, qui est grand chaque fois qu'il commande. Quand ils poussaient contre tes soldats leurs chars de guerre, ils obéissaient et ne commandaient point; ils cédaient à la volonté des hommes pauvres et humbles des tribus qui s'assemblaient en grand nombre pour s'opposer à toi, n'ayant pas assez d'intelligence pour connaître ta force. Tu sais que les pauvres sont moins bons en toutes choses que les riches. Ne refuse point ton amitié à ceux-ci, qui possèdent de grands biens et qui peuvent payer le tribut.

César accorda le pardon que les chefs demandaient et leur dit :

— Livrez-moi en otage les fils de vos princes.

Le plus ancien des chefs répondit :

— Nous te livrerons nos enfants nobles. Et nous t'en amènerons quelques-uns aujourd'hui même. Mais les enfants nobles sont pour la plupart dans des régions lointaines de notre Ile, et il faudra plusieurs journées pour les faire venir.

César inclina la tête en signe de consentement. Ainsi, par le conseil de l'Atrébate, les chefs ne livrèrent qu'un petit nombre de jeunes garçons, et non point des plus nobles.

Komm demeura dans le camp. La nuit, ne pouvant dormir, il gravit la falaise et regarda la mer. Le flot brisait sur les écueils. Le vent

du large mêlait au mugissement des lames
ses miaulements sinistres. La lune fauve, dans
sa fuite immobile parmi les nuées, jetait sur
l'Océan des lueurs mouvantes. L'Atrébate,
dont le regard sauvage perçait l'ombre et
l'embrun, aperçut des navires surpris par la
tempête et que travaillaient le vent et la mer.
Les uns, désemparés et ne gouvernant plus,
allaient où les poussait le flot dont l'écume
brillait à leur flanc comme une pâle étincelle ;
d'autres regagnaient le large. Leur toile effleu-
rait la mer comme l'aile d'un oiseau pêcheur.
C'étaient les navires qui amenaient la cavalerie de César et que dispersait la tempête.
Le Gaulois, respirant avec joie l'air marin,
marcha quelque temps sur le bord de la
falaise et bientôt son regard découvrit l'anse
dans laquelle les galères romaines, qui avaient
épouvanté les Bretons, étaient à sec sur le
sable. Il vit le flot les approcher peu à peu, les
atteindre, les soulever, les heurter les unes
contre les autres, les briser, tandis que les

liburnes à la coque profonde, mouillées dans
l'anse, chassaient sur leurs ancres dans un vent
furieux qui emportait leurs mâts et leurs gréc-
ments ainsi que des brins de chaume. Il distinguait les mouvements confus des légionnaires
accourus en tumulte sur la plage. Leurs clameurs montaient à son oreille dans les bruits
de la tempête. Alors il leva les yeux vers la
lune divine, que vénèrent les Atrébates, habitants des rivages et des forêts profondes. Elle
était là dans le ciel agité des Bretons, et semblait un bouclier. Il le savait que c'était elle, la
lune de cuivre, qui, dans son plein, avait produit cette grande marée et causé la tempête
qui, maintenant, détruisait la flotte des Romains. Et sur la pâle falaise, dans la nuit
auguste, devant la mer furieuse, Komm l'Atrébate eut la révélation d'une force secrète, mystérieuse, plus invincible que la force romaine.

En apprenant le désastre de la flotte, les
Bretons reconnurent avec joie que César ne
commandait ni à l'Océan ni à la lune, amie

des plages désertes et des forêts profondes, et
que les galères romaines n'étaient point des
dragons invincibles, puisque le flot les avait
fracassées et jetées, les flancs ouverts, sur le
sable des grèves. Reprenant l'espoir de détruire
les Romains, ils méditèrent d'en tuer un
grand nombre par la flèche et l'épée, et de
jeter le reste dans la mer. C'est pourquoi ils
se montrèrent tous les jours assidus dans le
camp de César. Ils portaient aux légionnaires
des viandes fumées et des peaux d'élans. Ils
prenaient des visages amis, répandaient des
paroles mielleuses et tâtaient avec admiration
les bras durs des centurions.

Pour paraître mieux soumis, les chefs
livraient des otages; mais c'étaient les fils des
ennemis contre lesquels ils avaient une vengeance, ou bien des enfants sans beauté, qui
n'étaient point nés dans une des familles issues
des Dieux. Et quand ils crurent que les petits
hommes bruns se reposaient, pleins de confiance, sur leur amitié, ils rassemblèrent les

guerriers de tous les villages des bords de la
Tamise et ils se précipitèrent, en poussant de
grands cris, contre les portes du camp. Ces
portes étaient défendues par des tours de bois.
Les Bretons, ignorant l'art d'enlever les positions fortifiées, ne purent franchir l'enceinte,
et beaucoup de chefs au visage peint de pastel
tombèrent au pied des tours. Une fois encore
les Bretons connurent que les Romains étaient
doués d'une force surhumaine. Aussi vinrent-
ils le lendemain demander pardon à César et
lui promettre leur amitié.

César les reçut d'un visage immobile, mais
la nuit même il fit embarquer ses légions dans
les liburnes réparées en grande hâte, et cingla
vers le rivage des Morins. N'espérant plus
recevoir sa cavalerie dispersée par la tempête,
il renonçait, pour cette fois, à la conquête de
l'Ile brumeuse.

Komm l'Atrébate regagna avec l'armée le
rivage des Morins. Il avait monté à bord du
navire qui portait le proconsul. César, curieux

de connaître les usages des barbares, lui demanda si les Gaulois ne se croyaient point issus de Pluton et si ce n'était pas à cause de cette origine qu'ils comptaient le temps par les nuits et non par les jours. L'Atrébate ne put lui donner la raison véritable de cette coutume. Mais il lui dit qu'à son avis la nuit avait précédé le jour à la naissance du monde.

— J'estime, ajouta-t-il, que la lune est plus ancienne que le soleil. Elle est une divinité très puissante, amie des Gaulois.

— La divinité de la lune, répondit César, est reconnue par les Romains et par les Grecs. Mais ne crois pas, Commius, que cet astre, qui brille sur l'Italie et sur toute la terre, soit particulièrement favorable aux Gaulois.

— Prends garde, Julius, répondit l'Atrébate, et pèse tes paroles. La lune que tu vois ici courir dans les nuées n'est pas la lune qui luit à Rome sur vos temples de marbre. D'Italie on ne pourrait voir celle-ci, bien

qu'elle soit grande et claire. La distance ne le
permet pas.

III

L'hiver vint recouvrir la Gaule d'ombre,
de glace et de neige. Le cœur des guerriers
s'émut, dans la hutte de roseaux, au souvenir
des chefs et des serviteurs tués par César ou
vendus à l'encan. Parfois un homme venait,
à la porte de la hutte, mendiant du pain et
montrant ses poignets coupés par le licteur.
Et les guerriers s'indignaient dans leur cœur.
Ils échangeaient entre eux des paroles de
colère. Des assemblées nocturnes se tenaient
au fond des bois et dans le creux des rochers.

Cependant le roi Komm chassait avec ses
fidèles à travers les forêts, au pays des Atrébates. Chaque jour, un messager portant la
saie rayée et les braies rouges venait, par des

sentiers inconnus, au-devant du roi, et, ra-
lentissant près de lui le pas de son cheval, lui
disait à voix basse :

— Komm, ne veux-tu pas être un homme
libre dans un pays libre? Komm, subiras-tu
longtemps l'esclavage des Romains?

Et le messager disparaissait dans l'étroit
chemin où les feuilles tombées amortissaient
le galop de son cheval.

Komm, roi des Atrébates, demeurait l'ami
des Romains. Mais, peu à peu, il se persuada
qu'il convenait que les Atrébates et les Morins fussent libres, puisqu'il était leur roi. Il
lui déplaisait aussi de voir les Romains, établis à Némétocenne, siéger dans des tribu-
naux, où ils rendaient la justice, et des géo-
mètres venus d'Italie tracer des routes à
travers les forêts sacrées. Enfin il admirait
moins les Romains depuis qu'il avait vu leurs
liburnes brisées contre les falaises bretonnes
et les légionnaires pleurer la nuit, sur la
grève. Il continuait d'exercer la souverai-

neté au nom de César. Mais il parlait à ses
fidèles, en termes obscurs, de guerres pro-
chaines.

Trois ans plus tard, l'heure était venue: le
sang romain avait coulé dans Genabum. Les
chefs conjurés contre César assemblaient des
guerriers dans les monts Arvernes. Komm
n'aimait point ces chefs; il les haïssait au contraire, les uns parce qu'ils étaient plus riches
que lui en hommes, en chevaux et en terres,
les autres à cause de l'or et des rubis qu'ils
avaient en abondance, et plusieurs de ce qu'ils
se disaient plus braves que lui et de plus noble
race. Pourtant il reçut leurs messagers, aux-
quels il remit une feuille de chêne et une
pointe de noisetier en signe d'amour. Et il
correspondit avec les chefs ennemis de César
au moyen de branches d'arbres taillées et
nouées entre elles de manière à présenter un
sens intelligible aux Gaulois, qui connaissaient
le langage des feuilles.

Il ne poussa point le cri de guerre. Mais il

allait par les villages atrébates et, visitant les
guerriers dans les huttes, il leur disait :

— Trois choses sont nées les premières :
l'homme, la liberté, la lumière.

Il s'assura que, lorsqu'il pousserait le cri de
guerre, cinq mille guerriers morins et quatre
mille guerriers atrébates boucleraient à son
appel leur ceinturon de bronze. Et, songeant
avec joie que dans la forêt le feu couvait sous
la cendre, il passa secrètement chez les Trévires, afin de les gagner à la cause gauloise.

Or, tandis qu'il chevauchait avec ses fidèles
le long des saules de la Moselle, un messager,
vêtu de la saie rayée, lui remit une branche
de frêne liée à une tige de bruyère, pour lui
faire entendre que les Romains avaient soup-
çon de ses desseins et pour l'engager à la prudence. Car telle était la signification de la
bruyère unie au frêne. Mais il poursuivit sa
route et pénétra dans le territoire des Trévires.
Titus Labienus, lieutenant de César, y était
cantonné avec dix légions. Averti que le roi

Commius venait secrètement visiter les chefs
des Trévires, il soupçonna que c'était pour les
détourner de l'amitié de Rome. L'ayant fait
suivre par des espions il reçut des avis qui le
confirmèrent dans l'idée qu'il s'était formée.
Il résolut alors de se défaire de cet homme. Il
était Romain, fils de la Ville déesse, exemple
à l'univers, et il portait par les armes la paix
romaine aux extrémités du monde. Il était bon
général, expert dans la mathématique et dans
la mécanique. Pendant les loisirs de la paix, il
conversait dans sa villa de Campanie, sous les
térébinthes, avec des magistrats, sur les lois,
les mœurs et les usages des peuples. Il vantait
les vertus antiques et la liberté. Il lisait les
livres des historiens et des philosophes grecs.
C'était un esprit plein de noblesse et d'élé-
gance. Et parce que Komm l'Atrébate était un
barbare, étranger à la chose romaine, il lui
parut convenable et bon de le faire assassiner.

Averti du lieu où il se trouvait, il lui envoya
son préfet de la cavalerie, Caius Volusenus

Quadratus, qui connaissait l'Atrébate, car ils avaient été chargés tous deux de reconnaître ensemble les côtes de l'île de Bretagne, avant l'expédition de César ; mais Volusenus n'avait pas osé débarquer. Donc, sur l'ordre de Labienus, lieutenant de César, Volusenus choisit quelques centurions et les emmena avec lui dans le village où il savait qu'il trouverait Komm. Il pouvait compter sur eux. Le centurion était un légionnaire monté en grade et qui portait, comme insigne de ses fonctions, un cep de vigne dont il frappait ses subordonnés. Ses chefs faisaient de lui tout ce qu'ils voulaient. Il était, après le terrassier, le premier instrument de la conquête. Volusenus dit à ses centurions :

— Un homme s'approchera de moi. Vous le laisserez avancer. Je lui tendrai la main. A ce moment, vous le frapperez par derrière et vous le tuerez.

Ayant donné ces ordres, Volusenus partit avec son escorte. Il rencontra, dans un chemin creux, près du village, Komm accompagné de ses fidèles. Le roi des Atrébates, qui se savait suspect aux Romains, aurait tourné bride. Mais le préfet de la cavalerie l'appela par son nom, l'assura de son amitié et lui tendit la main.

Rassuré par ces signes de bienveillance, l'Atrébate s'approcha. Au moment où il allait prendre la main qui lui était tendue, un centurion lui abattit son épée sur la tête et le fit tomber tout sanglant de son cheval. Les fidèles du roi se jetèrent alors sur la petite troupe romaine, la dispersèrent, relevèrent Komm et l'emportèrent jusqu'au prochain village, tandis que Volusenus, qui croyait sa besogne achevée, regagnait le camp ventre à terre avec ses cavaliers.

Le roi Komm n'était pas mort. Il fut porté secrètement dans le pays des Atrébates et il guérit de sa terrible blessure. S'étant remis debout, il fit ce serment :

— Je jure de ne me trouver face à face avec un Romain que pour le tuer.

Bientôt il apprit que César avait subi une
grande défaite au pied de la montagne de
Gergovie et que quarante-six centurions de
son armée étaient tombés sous les murailles
de la ville. Il fut averti ensuite que les confé-
dérés, que commandait Vercingétorix, étaient
assiégés dans Alésia des Mandubes, forteresse
célèbre des Gaules, fondée par Hercule Tyrien.
Il se rendit alors avec ses guerriers morins et
ses guerriers atrébates sur la frontière des
Eduens où se rassemblait l'armée qui devait
secourir les Gaulois d'Alésia. On fit le dénom-
brement de cette armée et il se trouva qu'elle
était composée de deux cent quarante mille
fantassins et de huit mille cavaliers. Le
commandement en fut donné à Virdumar
et à Eporedorix, Eduens, à Vergasillaun,
Arverne, et à Komm l'Atrébate.

Après les longs jours d'une marche embar-
rassée, Komm parvint avec les chefs et les
soldats au pays montueux des Eduens. D'une
des hauteurs qui environnent le plateau

d'Alésia, il vit le camp romain et la terre
remuée tout alentour par ces petits hommes
bruns qui faisaient la guerre plus avec la
pioche et la pelle qu'avec le javelot et l'épée.
Il en tira un mauvais augure, sachant que
les Gaulois valaient moins contre les fossés et
les machines que contre des poitrines humaines. Lui-même, qui connaissait bien des
ruses de guerre, il n'entendait pas grand'chose
aux arts des ingénieurs latins. Après trois
grandes batailles, durant lesquelles les for-
tifications des Romains ne furent point en-
tamées, Komm fut emporté comme un brin
de paille dans la tempête par la déroute
épouvantable des Gaulois. Il avait vu dans la
mêlée le manteau rouge de César et pressenti
la défaite. Maintenant il fuyait par les chemins, furieux, maudissant les Romains, mais
satisfait du mal qu'avaient soufferts avec lui
les chefs gaulois dont il était jaloux.

IV

Komm vécut un an caché dans les forêts
atrébates. Il y était en sûreté parce que les
Gaulois haïssaient les Romains et, leur étant
soumis, estimaient grandement ceux qui ne
leur obéissaient pas. Accompagné de ses
fidèles, il menait sur le fleuve et dans la futaie
une existence qui ne différait pas beaucoup
de celle qu'il avait menée étant chef de beaucoup de tribus. Il se livrait à la chasse et à
la pêche, méditait des ruses, et buvait des
boissons fermentées qui, lui faisant perdre
l'intelligence des choses humaines, lui com-
muniquaient celle des choses divines. Mais
son âme était changée, et il souffrait de ne
plus se sentir libre. Tous les chefs des peuples
étaient tués dans les combats, ou morts sous
les verges, ou liés par le licteur et conduits
dans les prisons de Rome. Il n'était plus animé

contre eux d'une âcre envie, et il gardait maintenant sa haine tout entière aux Romains. Il
attachait à la queue de son cheval le cercle
d'or qu'il avait reçu du dictateur comme ami
du Sénat et du Peuple romain. Il donnait à
ses dogues les noms de César, de Caius et de
Julius. Quand il voyait un porc, il l'appelait
Volusenus en lui jetant des pierres. Et il
composait des chants imités de ceux qu'il avait
entendus dans sa jeunesse et qui exprimaient
en fortes images l'amour de la liberté.

Or un jour que, chassant des oiseaux, il
avait, seul et loin de ses fidèles, gravi le haut
plateau, recouvert de bruyères, qui domine
Némétocenne, il vit avec stupeur que les huttes
et les palissades de sa ville avaient été abattues
et que, dans une enceinte de murailles, s'élevaient des portiques, des temples et des maisons d'une architecture prodigieuse, qui lui
inspiraient l'horreur et l'effroi que causent
les ouvrages magiques. Car il ne pensait pas
que ces demeures eussent été construites, en

un si petit espace de temps, par des moyens
naturels.

Il oublia de poursuivre les oiseaux dans la
bruyère, et, couché sur la terre rouge, il
regarda longtemps la ville étrange. La curiosité, plus forte que la peur, lui tenait les
yeux ouverts. Et il contempla ce spectacle
jusqu'au soir. Alors il lui vint au cœur une
irrésistible envie de pénétrer dans la ville. Il
cacha sous une pierre, dans la bruyère, ses
colliers d'or, ses bracelets, ses ceintures de
pierreries et ses armes de chasse, ne gardant
qu'un couteau sous sa saie, et il descendit les
pentes de la forêt. En traversant les halliers
humides, il cueillit des champignons pour
avoir l'air d'un pauvre homme allant vendre
sa récolte sur le marché. Et il entra dans la
ville, à la troisième veille, par la Porte dorée.
Elle était gardée par des légionnaires qui lais-
saient passer les paysans portant des provi-
sions. Aussi le roi des Atrébates, qui avait pris
l'aspect d'un pauvre homme, put-il pénétrer

facilement dans la voie Julienne. Elle était
bordée de villas et conduisait au temple de
Diane, dont le blanc fronton s'élevait, orné
déjà de rinceaux de pourpre, d'azur et d'or.
Aux lueurs grises du matin, Komm vit des
figures peintes sur les murs des maisons.
C'étaient des images aériennes de danseuses
et les scènes d'une histoire qu'il ignorait :
une jeune vierge offerte en sacrifice par des
héros, une mère furieuse poignardant ses
deux enfants encore à la mamelle, un homme
aux pieds de bouc dressant de surprise ses
oreilles pointues, quand il dévoile une vierge
couchée et dormante et trouve qu'elle est un
jeune garçon en même temps qu'une femme.
Et il y avait dans les cours d'autres peintures qui enseignaient des façons d'aimer inconnues aux peuples de la Gaule. Quoiqu'il
aimât furieusement le vin et les femmes, il
ne concevait rien aux voluptés ausoniennes,
parce qu'il ne se faisait pas une idée sensible
des formes variées des corps et qu'il n'était

pas tourmenté par le désir de la beauté.
Venu dans cette ville, qui avait été sienne,
pour satisfaire sa haine et donner à manger
à sa colère, il nourrissait son cœur de fureur
et de dégoût. Il détestait les arts latins et
les artifices mystérieux des peintres. Et, de
toutes les scènes représentées sous les portiques, il ne discernait que peu de chose,
parce que ses yeux n'étaient savants qu'à
connaître les feuillages des arbres et les nuées
du ciel sombre.

Portant sa cueillette de morilles dans un
pli de sa saie, il allait par les voies pavées de
larges dalles. Sous une porte que surmontait
un phallus éclairé par une petite lampe, il vit
des femmes vêtues de tuniques transparentes,
qui guettaient les passants. Il s'approcha dans
l'idée de faire quelque violence. Une vieille
survint, qui glapit aigrement :

— Passe ton chemin. Ce n'est pas une maison pour les paysans qui puent le fromage. Va
retrouver tes vaches, bouvier !

Komm lui répondit qu'il avait eu cinquante femmes, les plus belles parmi les femmes atrébates, et des coffres pleins d'or. Les courtisanes se mirent à rire et la vieille cria :

— Au large, ivrogne !

Et la vieille semblait un centurion armé du cep de vigne, tant la majesté du Peuple romain éclatait dans l'Empire !

Komm, d'un coup de poing, lui brisa la mâchoire et s'éloigna tranquille, tandis que l'étroit couloir de la maison s'emplissait de cris aigus et de hurlements lamentables. Il laissa sur sa gauche le temple de Diane ardenaise et traversa le forum entre deux rangs de portiques. Reconnaissant, debout sur son socle de marbre, la déesse Rome, la tête coiffée du casque et le bras étendu pour commander aux peuples, il accomplit devant elle, avec une intention injurieuse, la plus ignoble des fonctions naturelles.

Il avait traversé toute la partie bâtie de la ville. Devant lui s'étendait le cercle de pierres

à peine esquissé, déjà immense, de l'amphi-
théâtre. Il soupira :

— O race de monstres !

Et il s'avança parmi les débris abattus et
foulés aux pieds des huttes gauloises, dont
les toits de chaume s'étendaient naguère ainsi
qu'une armée immobile et qui maintenant
faisaient, non pas même une ruine, mais un
fumier sur le sol. Et il songea :

— Voilà ce qui reste de tant d'âges
d'hommes ! Voilà ce qu'ils ont fait des
demeures où les chefs atrébates suspendaient
leurs armes !

Le soleil s'était levé sur les gradins de l'am-
phithéâtre, et le Gaulois parcourait avec une
haine insatiable et curieuse le vaste chantier
de briques et de pierres. De ces durs monu-
ments de la conquête il remplissait le regard
de ses grands yeux bleus, et il secouait dans
l'air frais sa longue crinière fauve. Se croyant
seul, il murmurait des imprécations. Mais, à
quelque distance du chantier, il aperçut, au

pied d'un tertre couronné de chênes, un homme
assis sur une pierre moussue, la tête couverte
de son manteau et penchée. Il ne portait
point d'insignes, mais il avait au doigt l'an-
neau de chevalier, et l'Atrébate avait assez
l'habitude du camp romain pour reconnaître
un tribun militaire. Ce soldat écrivait sur des
tablettes de cire et semblait tout entier à ses
pensées intérieures. Demeuré longtemps
immobile, il leva la tête, pensif, le poinçon
sur la lèvre, regarda sans voir, puis, rebais-
sant les yeux, recommença d'écrire. Komm
le vit en face et s'aperçut qu'il était jeune,
avec un air de noblesse et de douceur.

Alors le chef atrébate se rappela son serment. Il tâta son couteau sous sa saie, se
glissa derrière le Romain avec une agilité sauvage et lui enfonça la lame au défaut de
l'épaule. C'était une lame romaine. Le tribun
poussa un grand soupir et s'affaissa. Un filet
de sang coula du coin de la lèvre. Les tablettes
de cire restaient sur la tunique entre les

genoux. Komm les prit et regarda avidement
les signes qui y étaient tracés, pensant que
c'étaient des signes magiques dont la connais-
sance lui donnerait un grand pouvoir.
C'étaient des lettres qu'il ne put lire et qui
étaient prises à l'alphabet grec, alors employé
préférablement à l'alphabet latin par les jeunes
lettrés d'Italie. Ces lettres étaient en grande
partie effacées par l'extrémité plate du stylet.
Celles qui subsistaient donnaient des vers
composés en langue latine sur des mètres grecs
et présentaient, par endroits, un sens intelligible :

A PHOEBÉ, SUR SA MÉSANGE

O toi que Varius aime plus que ses yeux,
Ton Varius, errant sous le ciel pluvieux
Du Galate....

. . . .

Et leur couple chantant dans la cage dorée

. . . .

. . . .

O ma blanche Phoebé, donne d'un doigt prudent
Le millet et l'eau pure à ta frêle captive.

Elle couve, elle est mère ; une mère est craintive.

. . . .

Oh ! ne viens pas aux bords de l'Océan brumeux,
Phœbé, de peur...
　　... Tes pieds blancs et tes flancs
Savants à se mouvoir au rythme du crotale.

. . . .

Et ni l'or de Crésus ni la pourpre d'Attale,
Mais tes bras frais, tes seins...

Une faible rumeur montait de la ville
éveillée. L'Atrébate s'enfuit à travers les restes
des huttes gauloises où quelques Barbares
demeuraient terrés, humbles et farouches, et,
par une brèche du mur, il sauta dans la cam-
pagne.

V

Lorsque enfin, par le glaive du légionnaire, par les verges du licteur et par les paroles flatteuses de César, la Gaule fut pacifiée
tout entière, Marcus Antonius, questeur, vint

prendre ses quartiers d'hiver à Némétocenne
des Atrébates. Il était fils de Julia, sœur de
César. Ses fonctions consistaient à payer la
solde des troupes et à répartir, selon les règles
établies, le butin qui était énorme, car les
conquérants avaient trouvé des barres d'or et
des escarboucles sous les pierres des lieux sacrés, au creux des chênes, dans l'eau tranquille des étangs, et recueilli beaucoup d'us-
tensiles d'or dans les huttes des chefs et des
peuples exterminés.

Marcus Antonius amenait avec lui des
scribes en grand nombre et des arpenteurs qui
procédèrent à la répartition des meubles et
des terres, et qui eussent fait beaucoup d'écritures inutiles; mais César leur prescrivit des
méthodes simples et rapides de travail. Des
marchands asiatiques, des colons, des ouvriers,
des légistes venaient en foule à Némétocenne;
et les Atrébates qui avaient quitté leur ville y
rentraient les uns après les autres, curieux,
surpris, pleins d'admiration. Les Gaulois, pour

la plupart, étaient fiers maintenant de porter
la toge et de parler la langue des fils magna-
nimes de Rémus. Ayant rasé leurs longues
moustaches, ils ressemblaient à des Romains.
Ceux d'entre eux qui avaient gardé quelque
richesse demandaient à un architecte romain
de leur bâtir une maison avec un portique
intérieur, des chambres pour les femmes et
une fontaine ornée de coquillages. Ils faisaient peindre Hercule, Mercure et les Muses
dans leur salle à manger, et soupaient accou-
dés sur des lits.

Komm, bien qu'illustre et fils d'un père
illustre, avait perdu la plupart de ses fidèles.
Cependant il refusait de se soumettre et
menait une vie errante et guerrière avec
quelques hommes unis à lui par l'âpre volonté
d'être libres, par la haine des Romains ou
par l'habitude du pillage et du viol. Ils le suivaient dans les forêts impénétrées, dans les
marécages, et jusque dans ces îles mouvantes
formées à la vaste embouchure des rivières.

Ils lui étaient tout dévoués, mais ils lui par-
laient sans respect, ainsi qu'un homme
parle à son égal, parce qu'ils l'égalaient en
effet par le courage, dans l'excès constant des
souffrances, du dénuement et de la misère.
Ils habitaient des arbres touffus ou les fentes
des rochers. Ils recherchaient les cavernes
creusées dans la pierre friable par l'eau puissante des torrents au fond des étroites vallées.
Quand ils ne trouvaient pas d'animaux à chasser, ils se nourrissaient de mûres et d'ar-
bouses. Ils ne pouvaient pénétrer dans les
villes gardées contre eux par les Romains ou
seulement par la peur des Romains. Dans la
plupart des villages ils n'étaient pas reçus volontiers. Komm trouva pourtant accueil dans
les huttes éparses sur les sables toujours bat-
tus des vents, au bord des bouches endormies
de la rivière Somme. Les habitants de ces
dunes se nourrissaient de poissons. Pauvres,
épars, perdus dans les chardons bleus de leur
sol stérile, ils n'avaient point éprouvé la force

romaine. Ils le recevaient avec ses compagnons dans leurs maisons souterraines, couvertes de roseaux et de pierres roulées par la
mer. Ils l'écoutaient attentivement, n'ayant
jamais entendu un homme parler aussi bien
que lui. Il leur disait :

— Sachez qui sont les amis des Atrébates
et des Morins qui vivent sur le rivage de la
mer et dans la forêt profonde.

» La lune, la forêt et la mer sont les amies
des Morins et des Atrébates. Et ni la mer, ni
la forêt, ni la lune n'aime les petits hommes
bruns amenés par César.

» Or, la mer m'a dit : — Komm, je cache
tes navires vénètes dans une anse déserte de
mon rivage.

» La forêt m'a dit : — Komm, je donnerai
un abri sûr à toi qui es un chef illustre et à
tes compagnons fidèles.

» La lune m'a dit : — Komm, tu m'as vue,
dans l'île des Bretons, briser les navires des
Romains. Je commande aux nuages et aux

vents, et je refuserai ma lumière aux conduc-
teurs des chariots qui portent des vivres aux
Romains de Némétocenne, en sorte que tu
pourras les surprendre, la nuit.

» Ainsi m'ont parlé la mer, la forêt et la
lune. Et je vous dis :

» — Laissez là vos barques et vos filets et
venez avec moi. Vous serez tous des chefs de
guerre et des hommes illustres. Nous livrerons des combats très beaux et très profitables.
Nous nous procurerons des vivres, des trésors
et des femmes en abondance. Voici comment :

» Je connais de mémoire tout le pays des
Atrébates et des Morins si parfaitement qu'il
n'y a point dans tout ce pays une rivière, un
étang, un rocher dont je ne sache pas très
bien la place. Et tous les chemins, tous les
sentiers sont aussi présents dans mon esprit.
avec leur vraie longueur et leur vraie direction.
qu'ils le sont sur le sol des aïeux. Et il faut
que ma pensée soit grande et royale pour con-

tenir ainsi toute la terre atrébate. Or sachez
qu'elle contient beaucoup d'autres pays encore,
bretons, gaulois, germains. C'est pourquoi, si
le commandement m'avait été donné sur les
peuples, j'aurais vaincu César et chassé les
Romains de cette terre. Et c'est pourquoi
nous surprendrons ensemble les courriers
de Marcus Antonius et les convois de vivres
destinés à la ville qu'ils m'ont volée. Nous les
surprendrons aisément, parce que je connais
les routes qu'ils prennent, et leurs soldats ne
pourront nous atteindre, parce qu'ils ne connaissent pas les chemins que nous prendrons.
Et s'ils parvenaient à suivre notre trace, nous
leur échapperions dans mes navires vénètes,
qui nous porteraient à l'île des Bretons. »

Par de tels discours, Komm inspira une
grande confiance à ses hôtes du rivage brumeux. Il acheva de les gagner en leur don-
nant quelques morceaux d'or et de fer, restes
des trésors qu'il avait possédés. Ils lui
dirent :

— Nous te suivrons partout où il te plaira
de nous mener.

Il les mena par des chemins inconnus jus-
ques aux abords de la voie romaine. Quand il
voyait dans une prairie humide, autour de
l'habitation d'un homme riche, des chevaux
paissant, il les donnait à ses compagnons.

Il forma ainsi une troupe de cavalerie à
laquelle venaient se joindre plusieurs Atrébates, désireux de faire la guerre pour acquérir des richesses, et quelques déserteurs du
camp romain. Ceux-ci, le chef Komm ne les
recevait pas, pour ne point violer le serment
qu'il avait fait de ne jamais voir en face un
Romain. Il les faisait interroger par un
homme intelligent et les renvoyait avec des
vivres pour trois jours. Parfois tous les
hommes d'un village, jeunes et vieux, le
suppliaient de les recevoir parmi ses fidèles.
Ces hommes, les fiscaux de Marcus Antonius
les avaient entièrement dépouillés, levant,
après le tribut imposé par César, des tributs

inclus, et frappant d'amendes les chefs pour
des fautes imaginaires. En effet, les officiers
du fisc, après avoir rempli les coffres de
l'État, prenaient soin de s'enrichir aux dé-
pens de ces barbares qu'ils jugeaient stupides
et qu'ils pouvaient toujours livrer au bour-
reau, pour faire taire les plaintes impor-
tunes. Komm choisissait les hommes les plus
forts. Les autres, malgré leurs larmes et la peur
qu'ils lui exprimaient de mourir de faim ou
des Romains, étaient congédiés. Il ne voulait
point avoir une grande armée, parce qu'il ne
voulait point faire une grande guerre, ainsi
que Vercingétorix.

Avec sa petite troupe, il enleva en peu de
jours plusieurs convois de farine et de bes-
tiaux, massacra, jusque sous les murs de Némétocenne, des légionnaires isolés et terrifia
la population romaine de la ville.

— Ces Gaulois, disaient les tribuns et les
centurions, sont des barbares cruels, contem-
pteurs des Dieux, ennemis du genre humain.

Au mépris de la foi jurée, ils offensent
la majesté de Rome et de la Paix. Ils méritent
une peine exemplaire. Nous devons à l'huma-
nité de châtier les coupables.

Les plaintes des colons, les cris des soldats
montèrent jusqu'au tribunal du questeur.
Marcus Antonius d'abord n'y prit pas garde.
Il était occupé à représenter, dans des salles
closes et bien chauffées, avec des histrions et
des courtisanes, les travaux de cet Hercule
auquel il ressemblait par les traits du visage,
la barbe courte et bouclée, la vigueur des
membres. Vêtu d'une peau de lion, sa massue
à la main, le fils robuste de Julia abattait des
monstres feints, perçait de ses flèches une
machine en forme d'hydre. Puis soudain,
changeant la dépouille du lion pour la robe
d'Omphale, il changeait en même temps de
fureurs.

Cependant les convois étaient inquiétés;
les détachements de soldats, surpris, harcelés,
mis en fuite; et l'on trouva un matin le cen-

turion G. Fusius pendu, la poitrine ouverte,
à un arbre, près de la Porte dorée.

On savait dans le camp romain que l'auteur
de ces brigandages était Commius, autrefois
roi par l'amitié de Rome, maintenant chef de
bandits. Marcus Antonius donna l'ordre d'agir
avec énergie pour assurer la sécurité des soldats et des colons. Et, prévoyant qu'on ne
prendrait pas de si tôt le rusé Gaulois, il in-
vita le préteur à faire tout de suite un exemple
terrible. Pour se conformer aux intentions
de son chef, le préteur fit amener à son
tribunal les deux Atrébates les plus riches
qu'il y eût à Némétocenne.

L'un se nommait Vergal et l'autre Ambrow.
Ils étaient tous deux d'illustre naissance et ils
avaient, les premiers entre tous les Atrébates,
fait amitié avec César. Mal récompensés de
leur prompte soumission, dépouillés de tous
leurs honneurs et d'une grande partie de leurs
biens, sans cesse vexés par des centurions gros-
siers et par des légistes cupides, ils avaient osé

murmurer quelques plaintes. Imitateurs des Romains et portant la toge, ils vivaient à Némétocenne, naïfs et vains, dans l'humiliation et l'orgueil. Le préteur les interrogea, les condamna à la peine des parricides et les livra aux licteurs en une même journée. Ils moururent doutant de la justice latine.

Le questeur avait ainsi, par sa prompte fermeté, raffermi le cœur des colons, qui lui en adressèrent des louanges. Les conseillers municipaux de Némétocenne, bénissant sa vigilance paternelle et sa piété, lui décernèrent, par décret, une statue d'airain. Après quoi, plusieurs négociants latins, s'étant aventurés hors de la ville, furent surpris et tués par les cavaliers de Komm.

VI

Le préfet de la cavalerie cantonnée à Némétocenne des Atrébates était Caius Volusenus

Quadratus, celui-là même qui naguère avait
attiré le roi Commius dans un guet-apens et
avait dit aux centurions de son escorte :
« Quand je lui tendrai la main en signe
d'amitié, vous le frapperez par derrière. » Caïus
Volusenus Quadratus était estimé dans l'armée pour son obéissance au devoir et son
ferme courage. Il avait reçu de grandes récom-
penses et jouissait des honneurs attachés aux
vertus militaires. Marcus Antonius le désigna
pour donner la chasse au roi Commius.

Volusenus remplit avec zèle la mission qui
lui était confiée. Il dressa des embuscades à
Komm et, se tenant en contact perpétuel avec
ses maraudeurs, les harcelait. Cependant
l'Atrébate, qui savait beaucoup de ruses de
guerre, fatiguait par la rapidité de ses mouvements la cavalerie romaine et surprenait les
soldats isolés. Il tuait les prisonniers par sentiment religieux, avec l'espérance de se rendre
les Dieux favorables. Mais les Dieux cachent
leur pensée ainsi que leur visage. Et c'est après

avoir accompli un de ces actes de piété, que le chef Komm se trouva dans le plus grand danger. Errant alors dans le pays des Morins, il venait d'égorger, la nuit, dans la forêt, sur la pierre, deux prisonniers jeunes et beaux, quand, au sortir d'un bois, il se trouva surpris avec tous les siens par la cavalerie de Volusenus, qui, mieux armée que la sienne et plus experte à manœuvrer, l'enveloppa et lui tua beaucoup d'hommes et de chevaux. Il réussit pourtant à se faire passage en compagnie des plus habiles et des plus braves Atrébates. Ils fuyaient; ils couraient à toute bride sur la plaine, vers la plage où l'Océan brumeux roule des pierres dans le sable. En tournant la tête, ils voyaient luire au loin, derrière eux, les casques des Romains.

Le chef Komm avait bon espoir d'échapper à cette poursuite. Ses chevaux étaient plus vites et moins chargés que ceux de l'ennemi. Il comptait atteindre assez tôt les navires qui l'attendaient dans une crique prochaine, s'embarquer avec ses fidèles et faire voile vers l'île des Bretons.

Ainsi pensait le chef, et les Atrébates chevauchaient en silence. Parfois un pli de terrain ou des bouquets d'arbres nains leur cachaient les cavaliers de Volusenus. Puis les deux troupes se retrouvaient en vue dans la plaine immense et grise, mais séparées par un espace de terre vaste et grandissant. Les casques de bronze clair était distancés et Komm ne distinguait plus derrière lui qu'un peu de poussière mouvante à l'horizon. Déjà les Gaulois respiraient avec joie dans l'air le sel marin. Mais, à l'approche du rivage, le sol poudreux, qui montait, ralentit le pas des chevaux gaulois, et Volusenus commença de gagner du terrain.

Les Barbares, dont l'ouïe était fine, entendaient venir, faibles, presque imperceptibles, effrayantes, les clameurs latines, lorsque, par delà les mélèzes courbés du vent, ils découvrirent, du haut de la colline de sable, les

mâts des navires assemblés dans l'anse du
rivage désert. Ils poussèrent un long cri de
joie. Et le chef Komm se félicitait de sa
prudence et de son bonheur. Mais, ayant
commencé de descendre vers le rivage, ils
s'arrêtèrent à mi-côte, saisis d'angoisse et
d'épouvante, regardant avec un morne déses-
poir ces beaux navires vénètes, à la large
carène, très hauts de proue et de poupe,
maintenant à sec sur le sable, échoués pour
de longues heures, tandis que bien loin en
avant brillaient les lames de la mer basse.
A cette vue, ils demeuraient inertes et stupides,
courbés sur leurs chevaux fumants qui, les
jarrets mous, baissaient la tête au vent de
terre dont le souffle les aveuglait avec les
mèches de leur longue crinière.

Dans la stupeur et le silence, le chef Komm
s'écria :

— Aux navires, cavaliers ! Vous avons bon
vent ! Aux navires !

Ils obéirent sans comprendre.

Et, poussant jusqu'aux navires, Komm ordonna de déployer les voiles. Elles étaient de peaux de bêtes teintes de vives couleurs. Aussitôt déployées, ces voiles se gonflèrent au vent qui fraîchissait.

Les Gaulois se demandaient à quoi servirait cette manœuvre, et si le chef espérait voir ces robustes nefs de chêne fendre le sable de la plage comme l'eau de la mer. Ils songeaient les uns à fuir encore, les autres à mourir en tuant des Romains.

Cependant Volusenus gravissait, à la tête de ses cavaliers, la colline qui borde ces côtes de galets et de sable. Il vit se dresser du fond de la crique les mâts des navires vénètes. Observant que la toile était déployée et gonflée par un vent favorable, il fit faire halte à sa troupe, lança des imprécations obscènes sur la tête de Commius, plaignit ses chevaux crevés en vain, et tournant bride ordonna à ses hommes de regagner le camp.

— A quoi bon, pensait-il, poursuivre plus

avant ces bandits? Commius s'est embarqué.
Il navigue et, poussé par un tel vent, il est
déjà hors de portée du javelot.

Bientôt après, Komm et les Atrébates
gagnèrent les bois touffus et les îles mouvantes,
qu'ils emplirent des éclats d'un rire héroïque.

Six mois encore, le chef Komm tint la cam-
pagne. Un jour Volusenus le surprit, avec
une vingtaine de cavaliers, sur un terrain
découvert. Le préfet était accompagné d'un
nombre à peu près égal d'hommes et de chevaux. Il donna l'ordre de charger. L'Atrébate,
soit qu'il craignît de ne pouvoir soutenir le
choc, soit qu'il méditât un stratagème, fit signe
à ses fidèles de fuir, se lança éperdument dans
la plaine immense et galopa longtemps, serré
de près par Volusenus. Puis, tout à coup, il
tourna bride et, suivi de ses Gaulois, se jeta
furieusement sur le préfet de cavalerie et, d'un
coup de lance, lui perça la cuisse. Les Romains,
voyant leur général abattu, s'enfuirent éton-
nés. Puis, par l'effet de l'éducation militaire,

qui les portait à surmonter le sentiment naturel de la peur, ils revinrent ramasser Volusenus au moment où Komm l'accablait joyeu-
sement des plus violentes injures. Les Gaulois
ne purent résister à la petite troupe romaine
qui, raffermie et solide, les chargea vigou-
reusement, en tua ou en prit le plus grand
nombre. Commius presque seul se sauva,
grâce à la vitesse de son cheval.

Et Volusenus fut rapporté mourant dans
le camp romain. Par l'art des médecins ou la
force de son tempérament, il guérit pourtant de sa blessure.

Commius avait perdu tout à la fois, dans
cette affaire, ses fidèles guerriers et sa haine.
Content de sa vengeance, satisfait désormais
et tranquille, il envoya un messager à Marcus
Antonius. Ce messager, ayant été admis au
tribunal du questeur, parla de la sorte :

— Marcus Antonius, le roi Commius pro-
met de se rendre au lieu qui lui sera assigné,
de faire ce que tu lui commanderas et de don-

ner des otages. Il demande seulement que
lui soit épargnée la honte de paraître jamais
devant un Romain.

Marcus Antonius était magnanime :

— Je conçois, dit-il, que Commius soit un
peu dégoûté des entrevues avec nos généraux.
Je le dispense de paraître devant aucun de
nous. Je lui accorde son pardon et je reçois
ses otages.

On ignore ce que devint ensuite Komm
l'Atrébate; le reste de sa vie n'a point laissé
de trace.

FARINATA DEGLI UBERTI

ou

LA GUERRE CIVILE

FARINATA DEGLI UBERTI

OU LA GUERRE CIVILE

Ed ei s'ergea col petto e con la fronte,
Come avesse lo inferno in gran dispitto.

Inferno, c. 10°.

Assis sur la terrasse de sa tour, le vieux
Farinata degli Uberti enfonçait son regard
aigu dans la ville hérissée de créneaux. Debout
près de lui, Fra Ambrogio regardait le ciel où
foisonnaient les roses du soir et qui couron-

nait de ses fleurs ardentes les collines enlacées
en cercle autour de Florence. Des berges pro-
chaines de l'Arno le parfum des myrtes montait dans l'air paisible. Les derniers cris des
oiseaux avaient jailli du toit clair de San-
Giovanni. Soudain, le pas de deux chevaux
sonna sur les cailloux aigus qu'on avait
arrachés au lit du fleuve pour en paver les
chaussées, et deux jeunes cavaliers, beaux
comme deux saint Georges, débouchant d'une
rue étroite, passèrent devant le palais sans
fenêtres des Uberti. Quand ils furent au pied
de la tour gibeline, l'un cracha en signe de
mépris, et l'autre, levant le bras, mit le pouce
entre l'index et le doigt du milieu. Puis tous
deux, éperonnant leurs chevaux, gagnèrent
au galop le pont de bois. Spectateur de l'outrage fait à son nom, Farinata demeura tranquille et muet. Ses joues desséchées tressail-
lirent et une larme de plus de sel que d'eau
vint lentement couvrir ses prunelles jaunes.
Enfin il secoua par trois fois la tête et dit :

— Pourquoi ce peuple me hait-il?

Fra Ambrogio ne répondit point. Et Farinata continua de regarder la ville, qu'il ne voyait plus qu'à travers l'âcre nuage qui lui brûlait les paupières. Puis tournant vers le moine sa maigre face où s'attachaient fortement un nez en bec d'aigle et des mâchoires menaçantes, il demanda encore :

— Pourquoi ce peuple me hait-il?

Le moine fit le geste de chasser une mouche.

— Que vous importe, messer Farinata, l'insolence obscène de deux jouvenceaux nourris dans les tours guelfes d'Oltarno?

FARINATA.

Je me soucie peu, en effet, de ces deux Frescobaldi, mignons des Romains, fils d'entremetteurs et de prostituées. Je ne crains pas le mépris de ceux-là. Il n'est possible ni à mes amis, ni surtout à mes ennemis de me mépriser. Ma douleur est de sentir sur moi la haine du peuple de Florence.

FRA AMBROGIO.

La haine règne dans les villes depuis que les fils de Caïn y portèrent l'orgueil avec les arts, et que les deux chevaliers thébains rassasièrent dans leur sang leur haine fraternelle. De l'injure naît la colère, et de la colère l'injure. Avec une infaillible fécondité la haine engendre la haine.

FARINATA.

Mais comment l'amour peut-il engendrer la haine? et pourquoi suis-je odieux à ma ville bien-aimée?

FRA AMBROGIO.

Je vous répondrai donc puisque vous le voulez, messer Farinata. Mais vous ne tirerez de ma bouche que des paroles de vérité. Vos concitoyens ne vous pardonnent pas d'avoir combattu à Montaperto, sous la bannière blanche de Manfred, le jour où l'Arbia fut rougie du sang des Florentins. Et ils jugent qu'en ce jour, dans la vallée funeste, vous ne fûtes pas l'ami de votre ville.

FARINATA.

Quoi! je ne l'ai pas aimée. Vivre de sa vie, ne vivre que pour elle, souffrir la fatigue, la faim, la soif, la fièvre, l'insomnie, et la peine sans pareille, l'exil; affronter la mort à toute heure et risquer de tomber vivant aux mains de ceux qui ne se seraient point contentés de ma mort; tout oser, tout endurer pour elle, pour son bien, pour l'arracher à mes ennemis, qui étaient les siens, pour l'affranchir de toute honte, pour l'amener de gré ou de force à suivre les avis salutaires, à prendre le bon parti, à penser ce que je pensais moi-même avec les plus nobles et les meilleurs, la vouloir toute belle et subtile et généreuse, et sacrifier à cet unique vouloir mes biens, mes fils, mes proches, mes amis; me faire selon ses seuls intérêts libéral, avare, fidèle, perfide,

magnanime, criminel, ce n'était pas aimer
ma ville ! Mais qui donc l'aima, si je ne l'ai-
mai pas ?

FRA AMBROGIO.

Hélas ! messer Farinata, votre impitoyable
amour arma contre la cité la violence et la
ruse et coûta la vie à dix mille Florentins.

FARINATA.

Oui, mon amour pour ma ville fut aussi
fort que vous dites, Fra Ambrogio. Et les
actions qu'il m'inspira sont dignes d'être don-
nées en exemple à nos fils et aux fils de nos fils.
Pour que le souvenir ne s'en perdît point, je
les ferais moi-même écrire, si j'avais la tête
aux écritures. Quand j'étais jeune, je trouvais
des chansons d'amour dont s'émerveillaient
les dames et que les clercs mettaient dans
leurs livres. A cela près, j'ai toujours méprisé
les lettres à l'égal des arts et je ne me suis pas
plus soucié d'écrire que de tisser la laine. Que

chacun, à mon exemple, agisse selon sa condition. Mais vous, Fra Ambrogio, qui êtes un
scribe très savant, ce serait à vous de faire un
récit des grandes entreprises que j'ai conduites.
Il vous en reviendrait de l'honneur, si toutefois vous les contiez non en religieux, mais en
noble, car ce sont des gestes de noble et de
chevalier. On verrait par ce discours que j'ai
beaucoup agi. Et de tout ce que j'ai fait je ne
regrette rien.

J'étais banni, les guelfes avaient massacré
trois de mes parents. Sienne me reçut. Mes
ennemis lui en firent un tel grief qu'ils exci-
tèrent le peuple florentin à marcher en armes
contre la ville hospitalière. Pour Sienne, pour
les bannis, je demandai secours au fils de
César, au roi de Sicile.

FRA AMBROGIO.

Il n'est que trop vrai : vous fûtes l'allié
de Manfred, l'ami du sultan de Luceria, de
l'astrologue, du renégat, de l'excommunié.

FARINATA.

Alors nous buvions comme de l'eau l'ex-
communication pontificale. Je ne sais si Manfred avait appris à lire les destinées dans les
étoiles, mais il est vrai qu'il faisait grand cas
de ses cavaliers sarrasins. Il était aussi prudent que brave, sage prince, avare du sang de
ses hommes et de l'or de ses coffres. Il répondit aux Siennois qu'il leur donnerait secours.
Il fit la promesse grande pour inspirer une
égale reconnaissance. Quant à l'effet, il le tint
petit par cautèle et de peur de se démunir. Il
envoya sa bannière avec cent cavaliers allemands. Les Siennois, déçus et dépités, par-
laient de rejeter ce secours dérisoire. Je sus les
rendre mieux avisés et leur enseignai l'art
de faire passer un drap dans une bague. Un
jour, ayant gorgé de viande et de vin les Allemands, je les fis sortir sur un si mauvais avis
et si mal à propos qu'ils tombèrent dans une
embuscade et furent tous tués par les guelfes

de Florence, qui prirent la bannière blanche
de Manfred et la traînèrent dans la boue à la
queue d'un âne. Aussitôt, j'instruisis le Sicilien
de l'insulte. Il la ressentit comme j'avais prévu
qu'il la ressentirait, et il envoya, pour en tirer
vengeance, huit cents cavaliers, avec bon
nombre de fantassins, sous le commandement
du comte Giordano, que la renommée égalait
à Hector de Troie. Cependant Sienne et ses
alliés rassemblaient leurs milices. Bientôt nous
fûmes forts de treize mille hommes de guerre.
C'était moins que n'en avaient les guelfes de
Florence. Mais, parmi eux, se trouvaient de
faux guelfes qui n'attendaient que l'heure de
se montrer gibelins, tandis qu'à nos gibelins ne
se mêlaient point de guelfes. De la sorte, ayant
de mon côté, non pas toutes les chances favorables (on ne les a jamais), mais de grandes, et
de bonnes et d'inespérées, qu'on ne retrou-
verait plus, j'étais impatient de livrer une bataille qui, heureuse, détruirait mes ennemis,
et, malheureuse, n'accablerait que mes alliés.

De cette bataille j'avais faim et soif. Pour
y attirer l'armée florentine j'usai du meilleur
moyen que je pus découvrir. J'envoyai à Florence deux frères mineurs avec mission d'aver-
tir secrètement le Conseil que, touché d'un vif
repentir et désireux d'acheter par un grand service le pardon de mes concitoyens, j'étais prêt
à leur livrer, contre dix mille florins, une des
portes de Sienne ; mais que, pour le succès de
l'entreprise, il était nécessaire que l'armée florentine s'avançât, aussi forte que possible, jusqu'aux bords de l'Arbia, sous le semblant de
porter secours aux guelfes de Montalcino. Mes
deux moines partis, ma bouche cracha le pardon qu'elle avait demandé, et j'attendis agité
d'une terrible inquiétude. Je craignais que
les nobles du conseil ne comprissent quelle
folie c'était que d'envoyer l'armée sur l'Arbia.
Mais j'espérais que ce projet plairait aux plé-
béiens par son extravagance et qu'ils l'adop-
teraient d'autant plus volontiers qu'il serait
combattu par les nobles, dont ils se défiaient.

En effet, la noblesse flaira le piège, mais les
artisans donnèrent dans mes panneaux. Ils
formaient la majorité du Conseil. Sur leur
ordre, l'armée florentine se mit en marche et
exécuta le plan que j'avais tracé pour sa perte.
Qu'il fut beau ce lever du jour, quand, che-
vauchant avec la petite troupe des bannis au
milieu des Siennois et des Allemands, je vis le
soleil, déchirant les voiles blancs du matin,
éclairer la forêt des lances guelfes qui couvraient les pentes de la Malena! J'avais
amené mes ennemis sous ma main. Encore
un peu d'art et j'étais sûr de les détruire. Par
mon conseil, le comte Giordano fit défiler trois
fois à leur vue les fantassins de la commune
de Sienne, en changeant leurs casaques après
le premier et le second tour, afin qu'ils parus-
sent trois fois plus nombreux qu'ils n'étaient;
et il les montra aux guelfes d'abord rouges
en présage de sang, puis verts en présage de
mort, enfin mi-blancs mi-noirs en présage de
captivité. Présages véritables! O joie! quand,

chargeant la cavalerie florentine, je la vis flé-
chir et tournoyer ainsi qu'un vol de corneilles,
quand je vis l'homme payé par moi, celui
dont je ne prononce pas le nom de peur de
souiller ma bouche, abattre d'un coup d'épée
le gonfalon qu'il était venu défendre, et tous
les cavaliers, cherchant dès lors en vain, pour
s'y rallier, les couleurs blanches et bleues,
fuir éperdus, s'écraser les uns les autres, tandis que, lancés à leur poursuite, nous les
égorgions comme des porcs au marché. Les
artisans de la commune tenaient seuls encore ;
il fallut les tuer autour du caroccio ensan-
glanté. Enfin, nous ne trouvâmes plus devant
nous que des morts, et des lâches, qui se liaient
entre eux les mains pour venir plus humble-
ment nous demander grâce à genoux. Et moi,
content de mon ouvrage, je me tenais à
l'écart.

FRA AMBROGIO.

Hélas ! vallée maudite de l'Arbia ! On dit

qu'après tant d'années elle sent la mort encore
et que, déserte, hantée des bêtes sauvages,
elle s'emplit, la nuit, du hurlement des
chiennes blanches. Votre cœur fut-il assez dur,
messer Farinata, pour ne pas se fondre en
larmes, quand vous vîtes, en cette journée
scélérate, les pentes fleuries de la Malena boire
le sang florentin?

FARINATA.

Ma seule douleur fut de penser qu'ainsi
j'avais montré à mes ennemis la voie de la vic-
toire et que je leur faisais pressentir, en les
abattant après dix ans de puissance et de superbe, ce qu'ils pouvaient espérer à leur tour
d'un même nombre d'années. Je songeai que,
puisque avec mon aide un tel tour avait été
donné à la roue de Fortune, cette roue tour-
nerait encore et mettrait les miens à bas. Ce
pressentiment couvrit d'une ombre l'éclatante
lumière de ma joie.

FRA AMBROGIO.

Il m'a paru que vous détestiez, et non certes
à tort, la trahison de cet homme, qui fit choir
dans la boue et le sang l'étendard sous lequel
il était venu combattre. Moi-même, qui sais
que la miséricorde du Seigneur est infinie, je
doute si Bocca n'a point sa part dans l'enfer
avec Caïn, Judas et Brutus le parricide. Mais
si le crime de Bocca est à ce point exécrable,
ne vous repentez-vous point de l'avoir causé?
Et ne croyez-vous pas, messer Farinata, que
vous-même, en attirant dans un piège l'armée
des Florentins, vous avez offensé le Dieu juste,
et fait ce qui n'était pas permis?

FARINATA.

Tout est permis à celui qui agit par vigueur
de pensée et force de cœur. En trompant mes
ennemis je fus magnanime et non traître. Et
si vous me faites un crime d'avoir employé au
salut de mon parti l'homme qui renversa le

gonfalon des siens, vous aurez grand tort, Fra
Ambrogio; car c’est la nature et non moi qui
l’avait fait infâme, et c’est moi et non la nature
qui tournai à bien son infamie.

FRA AMBROGIO.

Mais, puisque vous aimiez votre patrie même
en la combattant, il vous fut douloureux sans
doute de ne l’avoir vaincue qu’avec l’aide des
Siennois, ses ennemis. De cela ne vous vint-il
point quelque vergogne?

FARINATA.

Pourquoi aurais-je eu honte? Pouvais-je
rétablir autrement mon parti dans ma ville?
Je me suis allié à Manfred et aux Siennois. Je
me serais allié, s’il eût fallu, à ces géants afri-
cains qui n’ont qu’un œil au milieu du front
et qui se nourrissent de chair humaine, ainsi
que le rapportent les navigateurs vénitiens qui
les ont vus. La poursuite d’un tel intérêt n’est
point un jeu qu’on joue selon les règles, comme

les échecs ou les dames. Si j'avais estimé
que tel coup est permis et tel autre défendu,
pensez-vous que mes adversaires eussent joué
de même? Non certes, nous ne faisions pas au
bord de l'Arbia une partie de dés sous la treille,
avec nos tablettes sur nos genoux et de petits
cailloux blancs pour marquer les points. Il
fallait vaincre. Et cela, l'un et l'autre parti le
savait.

Pourtant, je vous accorde, Fra Ambrogio,
qu'il eût mieux valu vider notre querelle seuls
entre Florentins. La guerre civile est affaire
si belle et généreuse et si fine chose, qu'il n'y
faudrait point employer, s'il était possible, des
mains étrangères. On la voudrait remettre
toute à des concitoyens et de préférence à des
nobles, capables d'y travailler avec un bras
infatigable et un esprit délié.

Je n'en dirai pas autant des guerres exté-
rieures. Ce sont des entreprises utiles ou même
nécessaires, qu'on fait pour maintenir ou éten-
dre les limites des États, ou pour favoriser le

trafic des marchandises. Il n'y a, le plus souvent, ni bon profit ni grand honneur à faire
soi-même ces grosses guerres. Un peuple avisé
s'en décharge volontiers sur des mercenaires
et en remet l'entreprise à des capitaines expé-
rimentés, qui savent beaucoup gagner avec peu
d'hommes. Il n'y faut que des vertus de métier
et il convient d'y répandre plus d'or que de
sang. On n'y peut mettre du cœur. Car il
ne serait guère sage de haïr un étranger parce
que ses intérêts sont opposés aux nôtres, tandis qu'il est naturel et raisonnable de haïr un
concitoyen qui s'oppose à ce qu'on estime soi-
même utile et bon. C'est seulement dans la
guerre civile qu'on peut montrer un esprit
pénétrant, une âme inflexible et la force d'un
cœur tout plein de colère et d'amour.

FRA AMBROGIO.

Je suis le plus pauvre des serviteurs des
pauvres. Mais, je n'ai qu'un maître, qui est
le Roi du Ciel; je le trahirais si je ne vous

disais, messer Farinata, que le seul guerrier
digne d'une entière louange est celui qui
marche sous la croix en chantant :

Vexilla regis prodeunt.

Le bienheureux Dominique, dont l'âme,
comme un soleil, se leva sur l'Église obscurcie
par la nuit du mensonge, enseigna que la
guerre contre les hérétiques est d'autant plus
charitable et miséricordieuse qu'elle est plus
âpre et véhémente. Celui-là certes le comprit
qui, portant le nom du prince des apôtres,
fut la pierre de fronde qui frappa comme un
Goliath l'hérésie au front. Il souffrit le mar-
tyre entre Côme et Milan. De lui mon ordre
s'honore grandement. Quiconque tire l'épée
contre un tel soldat est un autre Antiochus
au regard de Notre-Seigneur Jésus-Christ.
Mais ayant institué les empires, les royaumes
et les républiques, Dieu souffre qu'on les
défende par les armes, et il regarde les capitaines qui, l'ayant invoqué, tirent l'épée pour

le salut de leur patrie temporelle. Il se détourne au contraire du citoyen qui frappe sa ville et la saigne, comme vous fîtes d'un si grand vouloir, messer Farinata, sans craindre que Florence, par vous épuisée et déchirée, n'eût plus la force de résister à ses ennemis. On trouve dans les chroniques anciennes que les villes affaiblies par des guerres intestines offrent une proie facile à l'étranger qui les guette.

FARINATA.

Moine, est-ce quand il veille ou quand il dort qu'on fait bien d'attaquer le lion? Or, j'ai tenu éveillé le lion de Florence. Demandez aux Pisans s'ils eurent à se réjouir de l'avoir assailli dans le temps que je l'avais rendu furieux. Cherchez dans les vieilles histoires et vous y trouverez peut être aussi que les cités qui bouillonnent au dedans sont toutes prêtes à échauder les ennemis du dehors, mais que la gent tiédie par la paix est

sans ardeur pour combattre hors de ses portes.
Sachez qu'il faut craindre d'offenser une ville
assez vigilante et généreuse pour soutenir la
guerre intérieure, et ne dites plus que j'ai
affaibli ma patrie.

FRA AMBROGIO.

Pourtant, vous le savez, elle fut près de
périr après la journée funeste de l'Arbia. Les
guelfes épouvantés étaient sortis de ses murailles et avaient pris d'eux-mêmes le chemin
douloureux de l'exil. La diète gibeline, con-
voquée à Empoli par le comte Giordano,
décida de détruire Florence.

FARINATA.

Il est vrai. Tous voulaient qu'il n'en restât
pas pierre sur pierre. Ils disaient tous :
« Écrasons ce nid de guelfes. » Seul, je me
levai pour la défendre. Et seul, je la préservai
de tout dommage. Les Florentins me doivent
le jour qu'ils respirent. Ceux-là qui m'ou-

tragent et qui crachent sur mon seuil, s'ils
avaient quelque piété au cœur, m'honoreraient
comme un père. J'ai sauvé ma ville.

FRA AMBROGIO.

Après l'avoir perdue. Toutefois, que cette
journée d'Empoli vous soit comptée en ce
monde et dans l'autre, messer Farinata! Et
veuille saint Jean-Baptiste, patron de Florence, porter à l'oreille du Seigneur les paroles que vous avez prononcées dans l'assemblée des gibelins! Répétez-moi, je vous prie,
ces paroles dignes de louanges. Elles sont di-
versement rapportées, et je voudrais les connaître avec exactitude. Est-il vrai, comme
plusieurs le disent, que vous prîtes texte de
deux proverbes toscans dont l'un est de l'âne
et l'autre de la chèvre?

FARINATA.

De la chèvre il ne me souvient guère,
mais de l'âne j'ai meilleure mémoire. Il se

peut, ainsi qu'on l'a dit, que j'aie brouillé les deux proverbes. De cela je n'ai nul souci. Je me levai et parlai à peu près de la sorte :

« L'âne hache les raves comme il sait. À son exemple, vous hachez sans discernement, le lendemain de même que la veille, ignorant ce qu'il convient de détruire et ce qu'il convient de respecter. Mais sachez que je n'ai tant souffert et combattu que pour vivre dans ma ville. Je la défendrai donc et mourrai, s'il le faut, l'épée à la main. »

Je n'en dis pas davantage et je sortis. Ils coururent sur mes pas et, s'efforçant de m'apaiser par leurs prières, ils jurèrent de respecter Florence.

FRA AMBROGIO.

Puissent nos fils oublier que vous fûtes à l'Arbia et se rappeler que vous fûtes à Empoli! Vous vécûtes dans des temps cruels, et je ne crois pas qu'il soit facile tant à un guelfe qu'à un gibelin de faire son salut. Dieu, messer Farinata, vous garde de l'enfer et vous reçoive, après votre mort, en son saint Paradis!

FARINATA.

Le paradis et l'enfer ne sont que dans notre esprit. Épicure l'enseignait et beaucoup d'autres après lui le savent. Vous-même, Fra Ambrogio, n'avez-vous pas lu dans votre livre : « L'homme meurt de même que la bête. Leur condition est la même? »

Mais si, comme les âmes communes, je croyais en Dieu, je le prierais de me laisser, après ma mort, ici tout entier, et d'enfermer mon âme avec mon corps dans mon tombeau, sous les murs de mon beau San Giovanni. A l'entour, on voit des cuves de pierre taillées par les Romains pour leurs morts, et maintenant ouvertes et vides. C'est dans un de ces lits que je veux me reposer enfin et dormir. Dans ma vie j'ai souffert cruellement de l'exil, et je n'étais qu'à une journée de Florence.

Plus éloigné d'elle, je serais plus malheureux. Je veux rester toujours dans ma ville bien aimée. Puissent les miens y rester aussi!

FRA AMBROGIO.

Je vous entends avec épouvante blasphémer le Dieu qui fit le ciel et la terre, les montagnes de Florence et les roses de Fiesole. Et ce qui m'effraye le plus, messer Farinata degli Uberti, c'est que votre âme communique au mal un noble caractère. Si, contrairement à l'espoir que je garde encore, la miséricorde infinie vous abandonnait, je crois que l'enfer tirerait de vous quelque honneur.

LE ROI BOIT

LE ROI BOIT

En l'an de grâce 1428, à Troyes, le chanoine Guillaume Chappedelaine fut nommé
par le chapitre roi de l'Épiphanie, conformé-
ment aux usages suivis alors dans toute la
France chrétienne. C'était, en effet, la coutume

des chanoines d'élire un d'entre eux, auquel
ils donnaient le nom de roi parce qu'il devait
tenir la place du Roi des rois et les assembler
tous à sa table, en attendant que Jésus-Christ
lui-même les réunît, comme ils en avaient
l'espérance, dans son saint paradis.

Messire Guillaume Chappedelaine avait été
choisi pour ses bonnes mœurs et pour sa libé-
ralité. Il était homme riche. Ses vignes avaient
été épargnées par les capitaines tant arma-
gnacs que bourguignons qui ravageaient la
Champagne, et c'est un bonheur dont il devait
rendre grâce à Dieu d'abord et ensuite à lui-
même pour la douceur avec laquelle il avait
traité les deux partis qui déchiraient le
royaume des lys. Sa richesse avait beaucoup
contribué à son élection, en cette année où le
setier de blé valait huit francs, le quarteron
d'œufs six sous, un petit cochon sept francs,
et où les gens d'Église étaient réduits, comme
des vilains, à manger des choux tout l'hiver.

Donc, au saint jour de l'Épiphanie, messire

Guillaume Chappedelaine, revêtu de sa dal-
matique, tenant à la main une palme pour
sceptre, prit place dans le chœur de la cathé-
drale, sous un dais de drap d'or. Cependant,
trois chanoines sortirent de la sacristie, le front
ceint de couronnes. L'un était vêtu de blanc,
l'autre de rouge et le troisième de noir. Ils
figuraient les rois mages et, descendant vers
la partie de l'église qui représente le pied de
la croix, ils chantaient l'évangile de saint
Mathieu. Un diacre, qui portait au bout d'une
perche cinq chandelles allumées pour rappeler
l'étoile miraculeuse qui conduisit les mages à
Bethléem, monta la grande nef et entra dans
le chœur. Ils le suivirent en chantant et quand
ils furent à cet endroit de l'évangile : *Et in-
trantes domum, invenerunt puerum cum Maria,
matre ejus, et procidentes adoraverunt eum,* ils
s'arrêtèrent devant messire Guillaume Chappedelaine et lui firent de profondes génu-
flexions. Trois enfants les suivaient, présentant
un peu de sel et des épices, que messire Guil-

laume reçut avec bonté, à l'imitation de l'Enfant roi qui avait agréé la myrrhe, l'or et
l'encens des rois de la terre. Puis l'office divin
fut célébré dévotement.

Le soir les chanoines allèrent souper chez le
roi de l'Épiphanie. L'hôtel de messire Guillaume était tout contre le chevet de l'église.
On le reconnaissait au chaperon d'or taillé
dans un écu de pierre, sur la porte basse. La
grand'salle était, cette nuit-là, jonchée de
feuillage et éclairée par douze torches de
résine. Tout le chapitre prit place autour de
la table sur laquelle était dressé un agneau
entier. Il y avait là messeigneurs Jean Bruant,
Thomas Alépée, Simon Thibouville, Jean
Coquemard, Denys Petit, Pierre Corneille,
Barnabé Videloup et François Pigouchel,
chanoines de Saint-Pierre, messire Thibault
de Saulges, écuyer, chanoine héréditaire
laïque, et au bas bout de la table Pierrolet,
le petit clerc, qui, bien que ne sachant pas
écrire, était secrétaire de messire Guillaume

Chappedelaine et lui servait sa messe. Il avait l'air d'une fille habillée en garçon. C'est lui qui paraissait en habit d'ange le jour de la Chandeleur. L'usage était aussi qu'au mercredi des Quatre-Temps de décembre on lût à la messe comment l'ange Gabriel vint annoncer à Marie le mystère de l'Incarnation. On plaçait sur un échafaud une jeune fille, à qui un enfant avec des ailes annonçait qu'elle allait devenir la mère du Fils de Dieu; une colombe d'étoupe était pendue sur la tête de la jeune fille. Pierrolet faisait depuis deux ans l'ange de l'Annonciation.

Mais il s'en fallait de beaucoup qu'il eût l'âme aussi douce que le visage. Il était violent, hardi, querelleur et provoquait volontiers les garçons plus âgés que lui. On le soupçonnait de courir les filles. L'exemple des gens d'armes, qui tenaient garnison dans les villes, le rendait excusable, et l'on ne donnait pas beaucoup d'attention à ces mauvaises habitudes. Ce qui fâchait plutôt messire Guillaume Chappedelaine, c'est que Pierrolet était Armagnac et cherchait querelle aux Bourguignons. Le chanoine lui représentait souvent qu'un tel esprit était pernicieux et vraiment diabolique dans cette bonne ville de Troyes, où le feu roi Henry V d'Angleterre avait célébré son mariage avec madame Catherine de France et où les Anglais étaient les maîtres légitimes, car toute puissance vient de Dieu. *Omnis potestas a Deo.*

Les convives ayant pris place, messire Guillaume Chappedelaine récita le *Benedicite*, et l'on commença de manger en silence. Messire Jean Coquemard parla le premier. Se tournant vers messire Jean Bruant, son voisin :

— Vous êtes, lui dit-il, une prudente et docte personne. Avez-vous jeûné hier ?

— Il était convenable de le faire, répondit messire Jean Bruant. La veille de l'Épiphanie est nommée vigile dans les Sacramentaires, et qui dit vigile dit jeûne.

— Pardonnez-moi, reprit messire Jean

Coquemard. J'estime avec d'insignes docteurs qu'un jeûne austère s'accorde mal avec la joie que cause aux fidèles la naissance du Sauveur, dont l'Église continue la mémoire jusqu'à l'Épiphanie.

— Pour moi, reprit messire Jean Bruant, je tiens ceux qui ne jeûnent pas en ces vigiles pour dégénérés de la piété antique.

— Et moi, s'écria messire Jean Coquemard, j'estime que ceux qui se préparent par le jeûne à la plus joyeuse de nos fêtes sont condamnables, comme suivant des usages blâmés par le plus grand nombre des évêques.

La querelle des deux chanoines commençait à s'aigrir.

— Ne pas jeûner ! Quelle mollesse ! disait messire Jean Bruant.

— Jeûner ! quelle obstination ! disait messire Jean Coquemard. Vous êtes l'homme superbe et téméraire qui va seul.

— Vous êtes l'homme faible qui suit mollement la foule corrompue. Mais même en ces

temps mauvais où nous vivons, j'ai des auto-
rités. *Quidam asserunt in vigilia Epiphaniæ
jejunandum.*

— La question est tranchée. *Non jejunetur!*

— Paix! paix! s'écria du fond de sa haute
et large chaise, messire Guillaume Chappedelaine. Vous avez tous deux raison : vous êtes
louable, Jean Coquemard, de prendre de
la nourriture la veille de l'Épiphanie, en
signe de réjouissance, et vous Jean, Bruant,
de jeûner en ces mêmes vigiles, puisque vous
le faites avec une allégresse congruente.

Le chapitre tout entier approuva la sen-
tence.

— Salomon n'eût point mieux jugé! s'écria
messire Pierre Corneille.

Et messire Guillaume Chappedelaine, ayant
approché de ses lèvres son gobelet de vermeil,
nos sires Jean Bruant, Jean Coquemard,
Thomas Alépée, Simon Thibouville, Denys
Petit, Pierre Corneille, Barnabé Videloup,
François Pigouchel s'écrièrent tous à la fois :

— Le roi boit! le roi boit!

C'était une loi du festin de pousser ce cri, et le convive qui y manquait encourait un châtiment sévère.

Messire Guillaume Chappedelaine, voyant que les brocs étaient vides, fit apporter du vin, et les serviteurs râpèrent du raifort pour donner soif aux convives.

— A la santé du seigneur évêque de Troyes et du régent de France, dit-il en se levant de dessus sa chaise canonicale.

— Volontiers, messire, dit Thibault de Saulges, écuyer; mais ce n'est un secret pour personne que notre seigneur évêque est en querelle avec le régent au sujet du double décime que Monseigneur de Bedford exige des gens d'Église, sous prétexte de subvenir à la croisade contre les hussites. Et nous allons confondre là deux santés ennemies.

— Hé! hé! répondit messire Guillaume, il convient de porter des santés pour la paix, et non pour la guerre. Je bois au régent de

France pour le roi Henry sixième, et à la santé de Monseigneur l'évêque de Troyes, que nous avons tous élu voilà deux ans.

Les chanoines, levant leur gobelet, burent à la santé de l'évêque et du régent Bedford.

Cependant s'éleva au bas bout de la table une voix jeune, et encore mal timbrée, qui criait :

— A la santé du dauphin Louis, le vrai roi de France !

C'était le petit Pierrolet, dont l'esprit armagnac, chauffé par le vin du chanoine, éclatait.

On n'y prit pas garde, et messire Guillaume ayant bu à nouveau, on cria amplement comme il convenait :

— Le roi boit ! le roi boit !

Les convives s'entretenaient vivement et tous ensemble des affaires sacrées et des affaires profanes.

— Savez-vous, dit Thibault de Saulges,

que dix mille Anglais sont envoyés par le
régent pour prendre Orléans?

— En ce cas, dit messire Guillaume, ils
auront la ville, comme ils ont déjà Jargeau
et Beaugency, et tant de bonnes cités du
royaume.

— C'est ce qu'on verra! dit, tout rouge, le
petit Pierrolet.

Mais, comme il était au bas bout, on ne
l'entendit pas cette fois encore.

— Buvons, messeigneurs, dit messire Guillaume, qui faisait libéralement les honneurs
de sa table.

Et il donna l'exemple en levant son grand
hanap de vermeil.

Le cri retentit plus haut que devant :

— Le roi boit! le roi boit!

Mais après qu'eut roulé ce tonnerre de
voix, messire Pierre Corneille, qui se trouvait
assez bas à la table, dit aigrement :

— Messeigneurs, je vous dénonce le petit
Pierrolet, qui n'a pas crié : « Le roi boit! »

en quoi il a manqué gravement aux us et coutumes, et il faut l'en punir.

— Il faut l'en punir! reprirent ensemble messeigneurs Denys Petit et Barnabé Videloup.

— Qu'il soit châtié, dit à son tour messire Guillaume Chappedelaine. Il lui faut barbouiller les mains et le visage avec de la suie. C'est l'usage!

— C'est l'usage! s'écrièrent ensemble les chanoines.

Et messire Pierre Corneille alla chercher de la suie dans la cheminée, tandis que nosseigneurs Thomas Alépée et Simon Thibouville, se jetant en riant grassement sur l'enfant, s'efforçaient de lui tenir les bras et les jambes.

Mais Pierrolet s'échappa de leurs mains, puis, s'adossant à la muraille, il tira de sa ceinture une petite dague et jura qu'il l'enfoncerait dans la gorge de quiconque approcherait.

Cette violence fit beaucoup rire les chanoines et, particulièrement, messire Guillaume Chappedelaine qui, se levant de son siège, vint auprès de son petit secrétaire, suivi de messire Pierre Corneille, tenant une pelletée de suie.

— C'est donc moi, dit-il d'une voix onctueuse, qui, pour son châtiment, ferai de ce méchant enfant un nègre, un serviteur du roi noir Balthazar, qui vint à la crèche. Pierre Corneille, tendez-moi la pelle.

Et d'un geste aussi lent que s'il aspergeait d'eau bénite un fidèle, il jeta une pincée de suie sur le visage de l'enfant qui, s'élançant sur lui, lui enfonça sa dague dans le ventre.

Messire Guillaume Chappedelaine poussa un grand soupir et tomba la face contre terre Les convives s'empressèrent autour de lui. Ils virent qu'il était mort.

Pierrolet avait disparu. On le chercha dans toute la ville sans pouvoir le trouver. On sut

plus tard qu'il s'était engagé dans la compagnie du capitaine La Hire. A la bataille de
Patay, sous les yeux de la Pucelle, il prit un
capitaine anglais et fut fait chevalier.

"LA MUIRON"

" LA MUIRON "

Depuis plus de trois mois Bonaparte était
sans nouvelles de l'Europe quand, à son re-

tour de Saint-Jean-d'Acre, il envoya un parlementaire à l'amiral ottoman, sous prétexte
de traiter l'échange des prisonniers, mais en
réalité dans l'espoir que Sir Sidney Smith
arrêterait cet officier au passage et lui ferait
connaître les événements récents, si, comme
on pouvait le prévoir, ils étaient malheureux
pour la République. Le général calculait
juste. Sir Sidney fit monter le parlementaire
à son bord et l'y reçut honorablement. Ayant
lié conversation, il ne tarda pas à s'assurer
que l'armée de Syrie était sans dépêches ni
avis d'aucune sorte. Il lui montra les jour-
naux ouverts sur la table et, avec une cour-
toisie perfide, le pria de les emporter.

Bonaparte passa la nuit sous sa tente à les
lire. Le matin sa résolution était prise de
retourner en France pour y ramasser le pouvoir tombé. Qu'il mît seulement le pied sur
le territoire de la République, il écraserait ce
gouvernement faible et violent, qui livrait la
patrie en proie aux imbéciles et aux fripons,

et il occuperait seul la place balayée. Pour
accomplir ce dessein, il fallait traverser, par
des vents contraires, la Méditerranée couverte
de croiseurs anglais. Mais Bonaparte ne voyait
que le but et son étoile. Par un inconcevable
bonheur, il avait reçu du Directoire l'auto-
risation de quitter l'armée d'Égypte et d'y
désigner lui-même son successeur.

Il appela l'amiral Gantheaume qui, depuis
la destruction de la flotte, se tenait au quar-
tier général, et lui donna l'ordre d'armer
promptement, en secret, deux frégates véni-
tiennes qui se trouvaient à Alexandrie, et de
les amener sur un point désert de la côte,
qu'il lui désigna. Lui-même, il remit, par pli
cacheté, le commandement en chef au général
Kléber, et sous prétexte de faire une tournée
d'inspection, se rendit avec un escadron de
guides à l'anse du Marabou. Le soir du 7 fruc-
tidor an VII, à la rencontre de deux chemins
d'où l'on découvre la mer, il se trouva tout
à coup en face du général Menou, qui rega-

gnait Alexandrie avec son escorte. N'ayant plus de moyen ni de raisons de garder son secret, il fit à ces soldats de brusques adieux, leur recommanda de se bien tenir en Égypte et leur dit :

— Si j'ai le bonheur de mettre le pied en France, le règne des bavards est fini!

Il semblait parler ainsi d'inspiration et comme malgré lui. Mais cette déclaration était calculée pour justifier sa fuite et faire pressentir sa puissance future.

Il sauta dans le canot qui, à la nuit tombante, accosta la frégate *la Muiron*. L'amiral Gantheaume l'accueillit sous son pavillon par ces mots :

— Je gouverne sous votre étoile.

Et aussitôt il fit mettre à la voile. Le général était accompagné de Lavallette, son aide de camp, de Monge et de Berthollet. La frégate *la Carrère*, qui naviguait de conserve, avait reçu les généraux Lannes et Murat, blessés, MM. Denon, Costaz et Parseval-Grandmaison.

Dès le départ, un calme survint. L’amiral proposa de rentrer à Alexandrie, pour ne pas se trouver le matin en vue d’Aboukir, où mouillait la flotte ennemie. Le fidèle Lavallette supplia le général de se rendre à cet avis. Mais Bonaparte montra le large :

— Soyez tranquille! nous passerons.

Après minuit une bonne brise se leva. La flottille se trouvait, le matin, hors de vue. Comme Bonaparte se promenait seul sur le pont, Berthollet s’approcha de lui :

— Général, vous étiez bien inspiré en disant à Lavallette d’être tranquille et que nous passerions.

Bonaparte sourit :

— Je rassurais un homme faible et dévoué. Mais à vous, Berthollet, qui êtes un caractère d’une autre trempe, je parlerai différemment. L’avenir est méprisable. Le présent doit seul être considéré. Il faut savoir à la fois oser et calculer, et s’en remettre du reste à la fortune.

Et, pressant le pas, il murmura :

— Oser... calculer... ne pas s'enfermer dans un plan arrêté... se plier aux circonstances, se laisser conduire par elles. Profiter des moindres occasions comme des plus grands événements. Ne faire que le possible, et faire tout le possible.

Ce même jour, pendant le dîner, le général ayant reproché à Lavallette sa pusillanimité de la veille, l'aide de camp répondit qu'à présent ses craintes étaient autres, mais non moindres, et qu'il les avouait sans honte, car elles portaient sur le sort de Bonaparte et, par conséquent, sur les destinées de la France et du monde.

— Je tiens du secrétaire de Sir Sidney, dit-il, que le commodore estime qu'il y a beaucoup d'avantage à bloquer hors de vue. Connaissant sa méthode et son caractère, nous devons nous attendre à le trouver sur notre route. Et dans ce cas...

Bonaparte l'interrompit :

— Dans ce cas, vous ne doutez pas que notre inspiration et notre conduite ne soient supérieures au péril. Mais c’est faire bien de l’honneur à ce jeune fou, que de le croire capable d’agir avec suite et méthode. Smith devait être capitaine de brûlot.

Bonaparte jugeait avec partialité l’homme redoutable qui lui avait fait manquer sa fortune à Saint-Jean-d’Acre; sans doute parce que ce grand dommage lui était moins cruel s’il était dû à un coup de hasard et non plus au génie d’un homme.

L’amiral leva la main comme pour attester sa résolution :

— Si nous rencontrons les croiseurs anglais, je me porterai à bord de *la Carrère*, et là je leur donnerai, vous pouvez m’en croire, assez d’occupation pour laisser à *la Muiron* le temps d’échapper.

Lavallette entr’ouvrit la bouche. Il avait grande envie de répondre à l’amiral que *la Muiron* était mauvaise marcheuse et peu capable de mettre à profit l'avance qu'on lui donnerait. Il eut peur de déplaire : il avala son inquiétude. Mais Bonaparte lut dans sa pensée. Et, le tirant par un bouton de son habit :

— Lavallette, vous êtes un honnête homme, lui dit-il, mais vous ne serez jamais un bon militaire. Vous ne regardez pas assez vos avantages et vous vous attachez à des inconvénients irréparables. Il n'est pas en notre pouvoir de rendre cette frégate excellente pour la course. Mais il faut considérer l'équipage, animé des meilleurs sentiments et capable d'accomplir au besoin des prodiges. Vous oubliez qu'elle se nomme *la Muiron*. C'est moi-même qui l'ai nommée ainsi. J'étais à Venise. Invité à baptiser une frégate qu'on venait d'armer, je saisis cette occasion d'illustrer une mémoire qui m'était chère, celle de mon aide de camp, tombé sur le pont d'Arcole en couvrant de son corps son général, sur qui pleuvait la mitraille. C'est ce navire

qui nous porte aujourd'hui. Doutez-vous que
son nom ne soit d'un heureux présage?

Il lança quelque temps encore des paroles
ardentes pour échauffer les cœurs. Puis il dit
qu'il allait dormir. On sut le lendemain qu'il
avait décidé que, pour éviter les croiseurs, on
naviguerait pendant quatre ou cinq semaines
le long des côtes d'Afrique.

Dès lors, les jours se succédèrent pareils
et monotones. *La Muiron* demeurait en vue de
ces côtes plates et désertes, que les navires ne
vont jamais reconnaitre, et courait des bordées
d'une demi-lieue, sans se risquer plus au
large. Bonaparte employait la journée en con-
versations et en rêveries. Il lui arrivait parfois
de murmurer les noms d'Ossian et de Fingal.
Parfois il demandait à son aide de camp de
lire à haute voix les *Révolutions* de Vertot ou
les *Vies* de Plutarque. Il semblait sans inquiétude et sans impatience, et gardait toute la
liberté de son esprit, moins encore par force
d'âme que par une disposition naturelle à

vivre tout entier dans le moment présent. Il prenait même un plaisir mélancolique à regarder la mer qui, riante ou sombre, menaçait sa fortune et le séparait du but. Après le repas, quand le temps était beau, il montait sur le pont et se couchait à demi sur l'affût d'un canon, dans l'attitude abandonnée et sauvage avec laquelle, enfant, il s'accoudait aux pierres de son île. Les deux savants, l'amiral, le capitaine de la frégate et l'aide de camp Lavallette faisaient cercle autour de lui. Et la conversation, qu'il menait par saccades, roulait le plus souvent sur quelque nouvelle découverte de la science. Monge s'exprimait avec pesanteur. Mais sa parole révélait un esprit limpide et droit. Enclin à chercher l'utile, il se montrait, même en physique, patriote et bon citoyen. Berthollet, meilleur philosophe, construisait volontiers des théories générales.

— Il ne faut pas, disait-il, faire de la chimie la science mystérieuse des métamorphoses, une Circé nouvelle, levant sur la nature sa baguette magique. Ces vues flattent les imaginations vives; mais elles ne contentent pas les esprits méditatifs, qui veulent ramener les transformations des corps aux lois générales de la physique.

Il pressentait que les réactions, dont le chimiste est l'instigateur et le témoin, se produisent dans des conditions exactement mécaniques, qu'on pourrait un jour soumettre aux rigueurs du calcul. Et, revenant sans cesse sur cette idée, il y soumettait les faits connus ou soupçonnés. Un soir, Bonaparte, qui n'aimait guère la spéculation pure, l'interrompit brusquement :

— Vos théories!... Des bulles de savon nées d'un souffle et qu'un souffle détruit. La chimie, Berthollet, n'est qu'un amusement quand elle ne s'applique pas aux besoins de la guerre ou de l'industrie. Il faut que le savant, dans ses recherches, se propose un objet déterminé, grand, utile : comme Monge qui,

pour fabriquer de la poudre, chercha le nitre
dans les caves et dans les écuries.

Monge lui-même et Berthollet représen-
tèrent au général avec fermeté qu'il importe
de maîtriser les phénomènes et de les soumettre à des lois générales, avant d'en tirer
des applications utiles, et que procéder autrement, c'est s'abandonner aux ténèbres dange-
reuses de l'empirisme.

Bonaparte en convint. Mais il craignait
l'empirisme moins que l'idéologie. Il demanda
brusquement à Berthollet :

— Espérez-vous entamer, par vos explica-
tions, le mystère infini de la nature, mordre
sur l'inconnu ?

Berthollet répondit que, sans prétendre
expliquer l'univers, le savant rendait à l'hu-
manité le plus grand des services en dissipant
les terreurs de l'ignorance et de la supersti-
tion par une vue raisonnable des phénomènes
naturels.

— N'est-ce pas être le bienfaiteur des hom-

mes, ajouta-t-il, que de les délivrer des fantômes créés dans leur âme par la peur d'un
enfer imaginaire, que de les soustraire au
joug des devins et des prêtres, que de leur
ôter l'effroi des présages et des songes?

La nuit couvrait d'ombre la vaste mer.
Dans un ciel sans lune et sans nuées, la neige
ardente des étoiles était suspendue en flocons
tremblants. Le général resta songeur un moment. Puis, soulevant la tête et la poitrine, il
suivit d'un geste de sa main la courbe du ciel,
et sa voix inculte de jeune pâtre et de héros
antique perça le silence :

— J'ai une âme de marbre que rien ne
trouble, un cœur inaccessible aux faiblesses
communes. Mais vous, Berthollet, savez-vous
assez ce qu'est la vie, et la mort[1], en avez-
vous assez exploré les confins, pour affirmer
qu'ils sont sans mystère? Êtes-vous sûr que
toutes les apparitions soient faites des fumées

____

1. Nous reproduisons la phrase telle qu'elle a été dite.

d'un cerveau malade? Pensez-vous expliquer
tous les pressentiments? Le général La Harpe
avait la stature et le cœur d'un grenadier. Son
intelligence trouvait dans les combats l'ali-
ment convenable. Elle y brillait. Pour la première fois, à Fombio, dans la soirée qui pré-
céda sa mort, il resta frappé de stupeur,
étranger à l'action, glacé d'une épouvante
inconnue et soudaine. Vous niez les apparitions. Monge, n'avez-vous pas connu en Italie
le capitaine Aubelet?

A cette question, Monge interrogea sa mémoire et secoua la tête. Il ne se rappelait
nullement le capitaine Aubelet.

Bonaparte reprit :

— Je l'avais distingué à Toulon où il gagna
l'épaulette. Il avait la jeunesse, la beauté, la
vertu d'un soldat de Platée. C'était un antique.
Frappés de son air grave, de ses traits purs,
de la sagesse qui transparaissait sur son
jeune visage, ses chefs l'avaient surnommé
Minerve, et les grenadiers lui donnaient

ce nom dont ils ne comprenaient pas le
sens.

— Le capitaine Minerve! s'écria Monge,
que ne le nommiez-vous ainsi tout d'abord!
Le capitaine Minerve avait été tué sous Mantoue quelques semaines avant mon arrivée
dans cette ville. Sa mort avait frappé fortement les imaginations, car on l'entourait de
circonstances merveilleuses qui me furent
rapportées, mais dont je n'ai point gardé un
exact souvenir. Je me rappelle seulement que
le général Miollis ordonna que l'épée et le
hausse-col du capitaine Minerve fussent por-
tés, ceints de lauriers, en tête de la colonne qui
défila devant la grotte de Virgile, un jour de
fête, pour honorer la mémoire du chantre
des héros.

— Aubelet, reprit Bonaparte, avait ce courage tranquille, que je n'ai retrouvé qu'en
Bessières. Les plus nobles passions l'ani-
maient. Il poussait tous les sentiments de son
âme jusqu'au dévouement. Il avait un frère

d'armes, de quelques années plus âgé que lui,
le capitaine Demarteau, qu'il aimait avec
toute la force d'un grand cœur. Demarteau ne
ressemblait pas à son ami. Impétueux, bouil-
lant, porté d'une même ardeur vers les plai-
sirs et les périls, il donnait dans les camps
l'exemple de la gaieté. Aubelet était l'esclave
sublime du devoir, Demarteau l'amant joyeux
de la gloire. Celui-ci donnait à son frère d'armes autant d'amitié qu'il en recevait. Tous
deux, ils faisaient revivre Nisus et Euryale
sous nos étendards. Leur fin, à l'un et à
l'autre, fut entourée de circonstances singu-
lières. J'en fus informé comme vous, Mouge,
et j'y prêtai plus d'attention, bien que mon
esprit fût alors entraîné vers de grands
objets. J'avais hâte de prendre Mantoue, avant
qu'une nouvelle armée autrichienne eût le
temps d'entrer en Italie. Je n'en lus pas
moins un rapport sur les faits qui avaient
précédé et suivi la mort du capitaine Aubelet.
Certains des faits attestés dans ce rapport

tiennent du prodige. Il faut en rattacher la cause soit à des facultés inconnues, que l'homme acquiert en des moments uniques, soit à l'intervention d'une intelligence supérieure à la nôtre.

— Général, vous devez écarter la seconde hypothèse, dit Berthollet. L'observateur de la nature n'y saisit jamais l'intervention d'une intelligence supérieure.

— Je sais que vous niez la Providence, répliqua Bonaparte. Cette liberté est permise à un savant enfermé dans son cabinet, non à un conducteur de peuples qui n'a d'empire sur le vulgaire que par la communauté des idées. Pour gouverner les hommes, il faut penser comme eux sur tous les grands sujets, et se laisser porter par l'opinion.

Et Bonaparte, les yeux levés, dans la nuit, sur la flamme qui flottait à la flèche du grand mât, dit tout aussitôt :

— Le vent souffle du nord.

Il avait changé de propos avec cette brus-

querie qui lui était ordinaire et qui faisait
dire à M. Denon : « Le général pousse le
tiroir. »

L'amiral Gantheaume dit qu'il ne fallait
pas s'attendre à ce que le vent changeât avant
les premiers jours de l'automne.

La pointe de la flamme était tournée vers
l'Égypte. Bonaparte regardait de ce côté. Le
regard de ses yeux s'enfonçait dans l'espace,
et ces paroles sortirent martelées de sa
bouche :

— Qu'ils tiennent bon, là-bas! L'évacua-
tion de l'Égypte serait un désastre militaire
et commercial. Alexandrie est la capitale des
dominateurs de l'Europe. De là je ruinerai le
commerce de l'Angleterre et je donnerai aux
Indes de nouvelles destinées... Alexandrie,
pour moi comme pour Alexandre, c'est la
place d'armes, le port, le magasin d'où je
m'élance pour conquérir le monde et où
je fais affluer les richesses de l'Afrique et de
l'Asie. On ne vaincra l'Angleterre qu'en

Égypte. Si elle s’emparait de l’Égypte, elle serait à notre place la maîtresse de l’univers. Le Turc agonise. L’Égypte m’assure la possession de la Grèce. Mon nom sera inscrit pour l’immortalité à côté de celui d’Épaminondas. Le sort du monde dépend de mon intelligence et de la fermeté de Kléber.

Pendant les jours qui suivirent, le général demeura taciturne. Il se faisait lire les *Révolutions de la République romaine* dont le récit lui paraissait d’une lenteur insupportable. Il fallait que l’aide de camp Lavallette allât au pas de charge à travers l’abbé Vertot. Et bientôt Bonaparte, impatient, lui arrachait le livre des mains et demandait les *Vies* de Plutarque, dont il ne se lassait point. Il y trouvait, disait-il, à défaut de vues larges et claires, un sentiment puissant de la destinée.

Un jour donc, après la sieste, il appela son lecteur, et lui ordonna de reprendre la *Vie de Brutus* à l’endroit où il l’avait laissée la veille.

Lavallette ouvrit le livre à la page marquée
et lut :

Donc, au moment où ils se disposaient, Cassius
et lui, à quitter l'Asie avec toute l'armée (c'était par
une nuit fort obscure ; sa tente n'était éclairée que
d'une faible lumière ; un silence profond régnait
dans tout le camp, et lui-même était plongé dans
ses réflexions), il lui sembla voir entrer quelqu'un
dans sa tente. Il tourne les yeux vers la porte et il
aperçoit un spectre horrible, dont la figure était
étrange et effrayante, qui s'approche de lui, et qui
se tient là en silence. Il eut le courage de lui adres-
ser la parole. « Qui es-tu, lui demanda-t-il ; un
homme ou un Dieu ? Que viens-tu faire ici et que
me veux-tu ? — Brutus, répondit le fantôme,
je suis ton mauvais génie, et tu me verras à Phi-
lippes. » — Alors Brutus, sans se troubler : « Je
t'y verrai », dit-il. Le fantôme disparut aussitôt ; et
Brutus, à qui les domestiques, qu'il appela, dirent
qu'ils n'avaient rien vu ni entendu, continua de
s'occuper de ses affaires.

— C'est ici, s'écria Bonaparte, dans la solitude des flots, qu'une telle scène produit une véritable impression d'horreur. Plutarque est un bon narrateur. Il sait animer le récit. Il marque les caractères. Mais le lien des événements lui échappe. On n'évite point sa destinée. Brutus, esprit médiocre, croyait à la force de la volonté. Un homme supérieur n'aura pas cette illusion. Il voit la nécessité qui le borne. Il ne s'y brise pas. Être grand, c'est dépendre de tout. Je dépends des événements, dont un rien décide. Misérables que nous sommes, nous ne pouvons rien contre la nature des choses. Les enfants sont volontaires. Un grand homme ne l'est pas. Qu'est-ce qu'une vie humaine? La courbe d'un projectile.

L'amiral vint annoncer à Bonaparte que le vent avait enfin changé. Il fallait tenter le passage. Le péril était pressant. La mer qu'on allait traverser était gardée entre Tunis et la Sicile par des croiseurs détachés de la flotte anglaise, mouillée devant Syracuse. Nel-

son la commandait. Qu'un croiseur découvrit
la flottille, et quelques heures après on avait
devant soi le terrible amiral.

Gantheaume fit doubler le cap Bon, de nuit,
les feux éteints. La nuit était claire. La vigie reconnut au nord-est les feux d'un navire.
L'inquiétude qui dévorait Lavallette avait
gagné Monge lui-même. Bonaparte, assis sur
l'affût de son canon accoutumé, montrait une
tranquillité qu'on croira véritable ou affectée,
selon qu'on s'attachera à considérer son fata-
lisme empreint d'espérances et d'illusions, ou
son incroyable aptitude à dissimuler. Après
avoir traité, avec Monge et Berthollet, divers
sujets de physique, de mathématique et d'art
militaire, il en vint à parler de certaines su-
perstitions dont son esprit n'était peut-être
pas entièrement affranchi :

— Vous niez le merveilleux, dit-il à Monge.
Mais nous vivons, nous mourons au milieu
du merveilleux. Vous avez rejeté avec mépris
de votre mémoire, me disiez-vous un jour,

les circonstances extraordinaires qui ont accompagné la mort du capitaine Aubelet. Peut-
être la crédulité italienne vous les présentait-
elle avec trop d'ornements. Ce serait votre
excuse. Écoutez-moi. Voici la vérité nue. Le
9 septembre, à minuit, le capitaine Aubelet
était au bivouac devant Mantoue. A la cha-
leur accablante du jour succédait une nuit
rafraîchie par les brumes qui s'élevaient au-
dessus de la plaine marécageuse. Aubelet,
tâtant son manteau, le trouva mouillé.
Comme il se sentait un léger frisson, il s'approcha d'un feu sur lequel les grenadiers
avaient fait la soupe et se chauffa les pieds,
assis sur une selle de mulet. La nuit et le
brouillard resserraient leur cercle autour de
lui. Il entendait au loin le hennissement des
chevaux et le cri régulier des sentinelles. Le
capitaine était là depuis quelque temps,
anxieux, triste, le regard fixé sur les cendres
du brasier, quand une grande forme vint,
sans bruit, se dresser à son côté. Il la sentait

près de lui et n'osait tourner la tête. Il la tourna
pourtant et reconnut le capitaine Demarteau,
son ami, qui, selon sa coutume, appuyait à
la hanche le dos de sa main gauche et se ba-
lançait légèrement. A cette vue le capitaine
Aubelet sentit ses cheveux se dresser sur sa
tête. Il ne pouvait douter que son frère d'armes ne fût près de lui et il lui était impossible de le croire, puisqu'il savait que le capitaine Demarteau se trouvait alors sur le Mein,
avec Jourdan, que menaçait l'archiduc Charles.
Mais l'aspect de son ami ajoutait à sa terreur,
par quelque chose d'inconnu qui se mêlait à
son parfait naturel. C'était Demarteau et
c'était en même temps ce que personne n'eût
pu voir sans épouvante. Aubelet ouvrit la
bouche. Mais sa langue glacée ne put former
aucun son. C'est l'autre qui parla :

» — Adieu ! Je vais où je dois aller. Nous
nous reverrons demain.

» Et il s'éloigna d'un pas muet.

» Le lendemain Aubelet fut envoyé en reconnaissance à San Giorgio. Avant de partir, il appela le plus ancien lieutenant et lui donna les instructions nécessaires pour remplacer le capitaine.

» — Je serai tué aujourd'hui, ajouta-t-il, aussi vrai que Demarteau a été tué hier.

» Et il conta à plusieurs officiers ce qu'il avait vu dans la nuit. Ils crurent qu'il avait un accès de cette fièvre qui commençait à travailler l'armée dans les marécages de Mantoue.

» La compagnie Aubelet reconnut, sans être inquiétée, le fort San Giorgio. Son objet ainsi atteint, elle se replia sur nos positions. Elle marchait sous le couvert d'un bois d'oliviers. Le plus ancien lieutenant, s'approchant du capitaine, lui dit :

» — Vous n'en doutez plus, capitaine Minerve : nous vous ramènerons vivant.

» Aubelet allait répondre, quand une balle, qui siffla dans le feuillage, le frappa au front.

» Quinze jours plus tard, une lettre du général Joubert, communiquée par le Directoire à l'armée d'Italie, annonçait la mort du brave capitaine Demarteau, tombé au champ d'honneur le 9 septembre. »

Aussitôt qu'il eut fait ce récit, le général, perçant le cercle de ses auditeurs silencieux, se promena muet, à grands pas, sur le pont.

— Général, lui dit Gantheaume, nous avons franchi le pas dangereux.

Le lendemain il mit le cap au nord, se proposant de longer les côtes de Sardaigne jusqu'à la Corse et de gouverner ensuite vers les côtes de Provence, mais Bonaparte voulait débarquer sur un point du Languedoc, craignant que Toulon ne fût occupé par l'ennemi.

La Muiron se dirigeait sur Port-Vendres, quand un coup de vent la repoussa sur la Corse et la força de relâcher à Ajaccio. Tous les habitants de l'Ile accourus pour saluer leur compatriote, couronnaient les hau-

teurs qui dominent le golfe. Après quelques
heures de repos, sur l'avis qu'on reçut que
tout le littoral de la France était libre, on fit
voile vers Toulon. Le vent était bon, mais
faible.

Seul, dans la tranquillité qu'il avait communiquée à tous, Bonaparte commençait à
s'agiter, impatient de toucher le sol, portant
parfois à son épée sa petite main brusque.
L'ardeur de régner qui couvait en lui depuis
trois ans, l'étincelle de Lodi, l'enflammait.
Un soir, tandis que se perdaient à sa droite
les côtes dentelées de l'île natale, il parla
tout à coup avec une rapidité qui brouillait
les syllabes dans sa bouche :

— Les bavards et les incapables, si l'on n'y
mettait ordre, achèveraient la ruine de la
France. L'Allemagne perdue à Stockach,
l'Italie perdue à la Trebbia; nos armées bat-
tues, nos ministres assassinés, les fournisseurs
gorgés d'or, les magasins sans vivres ni effets
d'équipement, l'invasion prochaine, voilà ce

que nous vaut un gouvernement sans force et sans probité.

» Les hommes probes, ajouta-t-il, fournissent seuls à l'autorité un appui solide. Les corrompus m'inspirent un insurmontable dégoût. On ne peut gouverner avec eux. »

Monge, qui était patriote, dit avec fermeté :

— La probité est nécessaire à la liberté comme la corruption à la tyrannie.

— La probité, reprit le général, est une disposition naturelle et intéressée chez les hommes nés pour le gouvernement.

Le soleil trempait dans le cercle de brumes qui bordaient l'horizon son disque agrandi et rougi. Le ciel était semé, vers l'orient, de nuées légères comme les feuilles d'une rose effeuillée. La mer agitait mollement les plis de vermeil et d'azur de sa nappe luisante. La toile d'un navire parut à l'horizon et l'officier de service reconnut, dans sa lunette, le pavillon anglais.

— Faut-il, s'écria Lavallette, faut-il que nous avons échappé à d'innombrables dangers pour périr si près du rivage !

Bonaparte haussa les épaules :

— Peut-on encore douter de mon bonheur et de ma destinée?

Et il rendit leur cours à ses pensées.

— Il faut balayer ces fripons et ces incapables et mettre à leur place un gouvernement compact, de mouvements rapides et sûrs, comme le lion. Il faut de l'ordre. Sans ordre, pas d'administration. Sans administration, pas de crédit ni d'argent, mais la ruine de l'État et celle des particuliers. Il faut arrêter le brigandage et l'agio, la dissolution sociale. Qu'est-ce que la France sans gouvernement? Trente millions de grains de poussière. Le pouvoir est tout. Le reste n'est rien. Dans les guerres de Vendée, quarante hommes maîtrisaient un département. La masse entière de la population veut à tout prix le repos, l'ordre et la fin des disputes. De peur

des jacobins, des émigrés ou des chouans, elle
se jettera dans les bras d'un **maître**.

— Et ce maître, dit Berthollet, sera sans
doute un chef militaire?

— Non pas, répliqua vivement Bonaparte,
non pas! Jamais un soldat ne sera le maître
de cette nation éclairée par la philosophie et
par la science. Si quelque général tentait de
prendre le pouvoir, il serait bientôt puni de
son audace. Hoche y songea. Je ne sais s'il fut
arrêté par le goût du plaisir ou par une juste
appréciation des choses: mais l'entreprise se
renversera sur tous les soldats qui la tenteront.
Pour ma part, j'approuve cette impatience
des Français qui ne veulent pas subir le joug
militaire et je n'hésite pas à penser que
dans l'État la prééminence appartient au
civil.

En entendant ces déclarations, Monge et
Berthollet se regardèrent surpris. Ils savaient
que Bonaparte allait, à travers les périls et
l'inconnu, prendre le pouvoir, et ils ne com-

prenaient rien à un discours par lequel il semblait s'interdire ce pouvoir ardemment convoité. Monge qui, dans le fond de son cœur, aimait la liberté, commençait à se réjouir. Mais le général, qui devinait leur pensée, y répondit aussitôt :

— Il est certain que si la nation découvre dans un soldat les qualités civiles convenables à l'administration et au gouvernement du pays, elle le mettra à sa tête ; mais ce sera comme chef civil et non comme chef militaire. Ainsi le veut l'état des esprits chez un peuple civilisé, raisonnable et savant.

Et Bonaparte, après un moment de silence, ajouta :

— Je suis membre de l'Institut.

Le navire anglais nagea quelques instants encore sur la bande de l'horizon empourpré, et disparut.

Le lendemain matin, la vigie signala les côtes de France. On était en vue de Port-Vendres. Bonaparte attacha son regard sur

cette petite ligne pâle de terre. Un tumulte
de pensées s'éleva dans son âme. Il eut la
vision éclatante et confuse d'armes et de
toges; une immense clameur remplit ses
oreilles dans le silence de la mer. Et parmi
des images de grenadiers, de magistrats, de
législateurs, de foules humaines, qui passaient devant ses yeux, il vit souriante et
languissante, son mouchoir sur les lèvres
et la gorge à demi découverte, Joséphine
dont le souvenir lui brûlait le sang.

— Général, lui dit Gantheaume en lui
montrant la côte qui blanchissait au soleil
du matin, je vous ai conduit où vos destins
vous appelaient. Vous abordez comme Énée
aux rivages promis par les dieux.

Bonaparte débarqua à Fréjus le 17 vendé-
miaire an VIII.

TABLE

	Pages.
LE CHANTEUR DE KYMÉ.	1
KOMM L'ATRÉBATE.	39
FARINATA DEGLI UBERTI OU LA GUERRE CIVILE.	107
LE ROI BOIT.	135
" LA MUIRON ".	153

IMPRIMÉ

PAR

CHAMEROT ET RENOUARD

19, rue des Saints-Pères, 19

PARIS

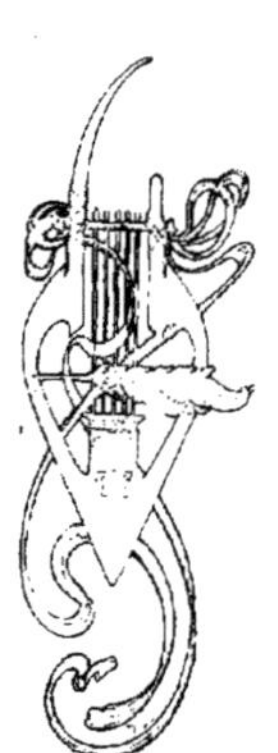